연변 조선족 사회와 한반도 평화 통일

동북아역사재단
교양총서 04

연변 조선족 사회와 한반도 평화 통일

홍면기 지음

동북아역사재단
NORTHEAST ASIAN HISTORY FOUNDATION

일러두기

- 한글맞춤법과 외래어 표기는 국립국어원 규정에 따랐다.
- 중국 지명은 우리 한자음으로 읽어 표기하였다.
- 일반 독자를 대상으로 이해가 어려운 단어에 원어를 병기하였다.

우리나라를 둘러싼 동북아 지역의 역사 갈등은 여전히 한창이고, 점차 심화되고 있습니다. 우리 동북아역사재단은 2006년에 동북아 지역의 역사 갈등을 미래지향적으로 해결하고, 나아가 역내 평화체제를 구축하려는 목적으로 출범하였습니다. 이때는 항상적으로 제기되고 있던 일본의 역사 왜곡에 더하여 고구려, 발해 역사를 둘러싸고 중국과 역사 분쟁이 일어났습니다.

한국과 일본 사이의 역사문제는 19세기 말 일제의 침탈과 식민지배 때부터 있어왔습니다. 지금도 일제의 식민지배에 대한 진정한 사죄와 일본군'위안부'문제, 전쟁에의 강제 동원과 수탈, 독도영유권 등을 둘러싸고 논쟁과 외교 마찰이 일어나고 있습니다. 중국은 개혁 · 개방 이후 급속하게 경제발전을 이루면서 체제를 안정시키고 선린외교에 주력하였으나, 주변국과의 관계에서 주도권을 잡고자 하는 과정에서 자연스럽게 역사문제를 둘러싸고 이웃과 대립하게 되었습니다. 그중 동북 3성 지역의 역사에 대해서는 이른바 '동북공정'이라는 것을 통하여 중국 영토 안에서 일어났던 역사를 모두 자기 역사 속에 편입하고자 함으로써, 우리의 고대사(고조선, 부여, 고구려, 발해 등)와 충돌하게 되었습니다.

우리 재단은 이런 역사 현안을 우리 입장에서 연구하면서, 다른 한편으로 우리 국민이나 다른 나라 사람들이 우리의 연구 결과를 같이 공유하고, 이를 쉽게 알 수 있도록 교양 수준의 책을 출간하게 되었습니다. 한·중·일 역사 현안인 독도, 동해 표기, 일본군'위안부', 일본역사교과서, 야스쿠니신사, 고조선, 고구려, 발해 및 동북공정 관련 주제로 우리 재단 연구위원을 중심으로 재단 외부 전문가들로 필진을 구성하였습니다.

모든 국민들이 이 교양서들을 읽어서, 역사·영토 현안을 올바르게 인식하고 나아가 우리가 동북아 역사 갈등을 주도적으로 해결하여, 평화체제를 이룩하는 데 주역이 되기를 바랄 뿐입니다.

2018년 12월

동북아역사재단

이사장 김도형

이 책은 한반도의 평화와 통일을 이루어가는 과정에서 재외동포, 특히 연변 조선족 사회가 가지고 있는 잠재적 역량과 역할, 그리고 한계는 무엇인가, 초국경 협력공간으로 발돋움하고 있는 연변과 두만강 하구에서 어떻게 새로운 도약의 기회를 만들 수 있을까에 대한 작은 고민을 담고 있다.

북 · 중 · 러가 접경하고 있는 연변 지역은 우리 입장에서 보면 대륙으로 나아가는 관문이지만, 중국이나 러시아로서는 한반도로 진출하는 교두보로 여길 수 있는 지정학적 요충지이다. 거기에 우리와 역사, 문화를 같이해온 조선족 동포의 근거지가 있다. 그만큼 이 지역은 복잡한 역사와 현실 지형을 가지고 있다. 역사 · 영토 · 민족 등 낱개의 문제에 대한 분절적 이해로는 이 공간의 다양한 가능성을 체계적으로 이해하기 어렵다는 생각에 글을 시작하였다.

도처에서 중국 동북 지방(만주)에 대한 회고적 언사가 들려오고, 중국이 우리 문화와 역사를 왜곡하고 심지어 북한을 자국의 영향권으로 편입하려는 '악마의 기도'를 가지고 있다는 말도 심심치 않게 듣게 된다. 역사 왜곡이 전쟁을 예비하는 것일 수도 있다는 경고도 마음이 걸린다. 하지만 그래서 뭘 어떻게 하자는 것인가에 대한 대안적 논의는 듣기 어렵다. 필자는 오래 전부터 이에 대한 해답의 실마리를 찾고 싶었다.

국경과 국적을 넘어 세계가 소통하는 시대에 우리의 시선은 미래를 향해야 하고, 그러기 위해서는 역설적일지 모르지만 역사를 살펴야 한다는 것이 필자의 생각이다. 그러나 고토회복주의나 민족주의적 외침이 답을 주지는 못할 것이다. 지나온 역사를 살피되 미래를 보는 새로운 개념과 상상력이 발굴되어야 하고, 그것을 평화와 통일을 성취해나가는 장대한 전략으로 이어가지 않으면 안 된다는 절박함을 말하고 싶었다. 시간과 자료의 부족은 핑계에 불과할 것이다. 읽는 이들께서 필자의 이런 적성赤誠을 헤아려 주셨으면 좋겠다는 외람된 기대를 할 뿐이다.

교양서라는 점에 신경을 쓰면서 문제의식을 드러내고자 했지만, 다양한 논점을 평화와 협력, 통일이라는 지점으로 매끄럽게 이끌어가는 것이 쉽지 않았다. 글 중간에 그림과 표를 배치하여 읽은 이들이 흐름을 가지고 이해할 수 있도록 하였다. 쉽고 간명하게 핵심을 전달할 수 없다는 것은 아직 필자의 생각이 충분이 숙성되지 못한 것이라는 내면의 자성이 크다.

이 글이 모쪼록 연변과 조선족 사회에 대한 우리 사회의 이해를 도울 수 있다면 좋겠다. 4차산업혁명과 문명의 전환이 뜨거운 쟁점이 되고 있는 이 시대에 통일문제에 대한 인식을 넓힐 수 있다면 필자로서는 더할 나위 없는 영광이 될 것이다. 기회를 주신 김도형 이사장님과 글을 작성하는 과정에서 도움을 주신 여러 신생님과 옛 동료 연구위원들께 깊이 감사드린다.

2018년 12월

홍면기

차 례

지식보다 더욱 중요한 것은

상상력이다.

– 알베르트 아인슈타인

여는 글

잃어버린 지평선

문재인 정부 들어 남북 관계가 새로운 차원으로 발전되어 나아가고 있다. 불과 일 년 전 북한의 핵공갈과 미국의 북한공격설 등 살풍경한 장면이 벌어졌던 것에 비춰보면 엄청난 반전이다. 이렇게 대조적인 두 국면은 한편으로는 우리가 살고 있는 분단체제가 얼마나 위험한 것인가를, 다른 한 측면에서는 우리가 하기에 따라 남북 관계가 어떻게 진전될 수 있는지를 잘 보여주고 있다고 하겠다.

분단 70년을 지나는 동안 남과 북은 긴장과 갈등, 접촉과 화해의 국면을 반복해왔다. 박한식 교수는 1980년대 이후 남북 관계의 흐름을 크게 두 가지로 정리할 수 있다고 본다. 하나는 노태우–김대중–노무현 정부로 계승되어온 화해론적 흐름이고, 다른 하나는 김영삼–이명박–박근혜 정부로 이어지는 대결주의적 정책이다.[1]

전자에 어떻게 하든 소모적인 경쟁과 분단의 비극을 극복하고자 하는 의지가 배어 있다면, 후자에는 북한을 밀어붙여 굴복시키거나 붕괴시켜야 한다는 식의 전제가 암묵적으로 깔려있다. 촛불혁명 이후 등장한 문재인 정부는 전자의 흐름을 발전적으로 계승하며 새로운 차원의 남북 관계를 정립하고자 노력하고 있다. 갈등과 불신의 골이 깊은 상황에서 이와 같은 노력들이 단박에 한반도에 평화와 통일을 가져오기는 쉽지 않을 것이다. 4·27판문점선언, 6·12북미정상회담, 9·19평양공동선언 등 숨가쁘게 돌아가는 정세가 희망을 가시화하고 있는 것은 분명하지만, 이제 멀고 긴 험난한 대장정을 시작한 것에 불과하다는 것이 더 정확할 것이다.

저명한 국제정치학자 왈츠Kenneth N. Waltz는 국제정치를 '고도의 비즈니스'라고 한다. 협력과 경쟁이 복잡하게 얽혀가는 국제정치 무대에서 현실적 감각과 전략적 선택이 중요함을 강조한 말이다. 이명박·박근혜 정부에서 빚어졌던 남북한 간 군사적 충돌, 북핵문제를 둘러싼 북미 간의 전쟁위기는 한반도에서 우리 의사와 관계없이 비극의 역사가 언제든 재현될 수 있음을 극명하게 보여주었다. 북한이 변화를 모색하면서도 핵과 미사일이라는 절대무기로 국력의 열세를 만회하려는 노선을 쉽사리 포기하지 않으리라는 점은 아직도 이런 잠재적 위험이 완전히 가셔지지 못하고 있음을 보여주고 있다. 남북 관계와 통일문제는 우리가 원하는 대로 단선적으로 진전되는 것이 아니다. 전진과 후퇴, 기대와 실망이 교차할 수밖에 없는 게임을 이끌어나갈 지구력이 없으면, 다시 '역사의 시간'을 허비하게 될지도 모른다. 새로운 역사를 써나가기 위한 과감한 상상력과 역사에의 의지가 어느 때보다도 중요하다.

문재인 정부는 남북 사이에 누적된 불신을 덜어가면서 한반도의 역사를 새로운 궤도에 옮겨놓기 위한 노력에 박차를 가하고 있다. 한반도의 미래는 우리가 어떻게 미·중 간의 패권적 경쟁에 휘말리지 않을 것인가, 한반도에 드리워진 주변국들의 촉수를 제어하면서 남북 관계를 주도적으로 이끌어 갈 수 있느냐에 달려있다. 이런 점에서 우리는 먼저 분단과 통일, 전쟁과 평화라는 갈림길에서 남북 관계 발전과 통일을 위해 우리가 얼마나 노력을 했는지를 되짚어볼 필요가 있다. 개성 부근 휴전선에서 대남심리전 방송요원으로 있다가 철책선을 넘은 주용승 박사의 물음이다.

통일은 한때는 숙명이었고 한때는 금기였으며 한때는 열망이었다. 지금은 숙명도 금기도 아닌 헛헛한 유물처럼 상처입은 통일을 바라보며, 비로소 난 정색하며 묻고 싶었다. 우리의 소원이 정말 통일인가라고.[2]

그의 절규는, 우리가 갈등으로 점철된 70년 부정의한 분단의 역사를 마감하기 위해 할 수 있는 모든 노력을 다했는가, 평화와 통일을 성취해나가는 데 사용할 수 있는 모든 자원을 동원해왔나, 평화와 통일의 길을 추동해나가기 위한 역량은 지속적으로 축적되고 있나, 새로운 역량과 자원은 무엇인가를 묻고 있다.

이 질문에 정직하게 대면하건대, 통일은 '우리의 소원'이라는 주장과 수사가 넘치고 있지만 아직까지도 우리는 분단의 언저리를 도돌이표처럼 맴돌고 있지 않은가 하는 자문을 떨칠 수 없다. 분단은 익숙한 체제가 되었고, 분단 뒤에 도사리고 있는 전쟁과 폭력의 위험성에는 애써 눈길을 주려고 하지 않는 것처럼 보인다. 이제 다시 우리는 한반도에 평화의 질서를 만들어내지 않은 채 이 땅과 이 땅에서 살아갈 후대들의 안녕과 번영을 기약할 수 있는가, 통일과 통일 이후로 나아가기 위한 역사적 비전을 가질 수 있는가라는 본질적인 물음에 대한 답을 찾아나서야 할 것이다. 지금까지와는 전혀 다른 차원에서 통일문제를 사고하고, 공유해나가야 한다는 인식의 전환이 절실하다는 것이다.

이와 같은 논의에서 무엇보다 놓치지 말아야 할 것은, 우리가 한반도 너머 해양과 대륙을 아우르고 삶을 영위할 '보이지 않는' 공간에 대한 감각을 잃었다는 점이다. 제2차 세계대전 종전 이후 남과 북으로 갈린 한반도는 해양과 대륙의 대치선으로, 강대국 지정학적 게임의 포로가 되어왔다. 이런 의미에서 분단은 단순히 남과 북의 물리적 분단만을 뜻하는 것은 아니었다. 특히, 한반도 북부를 상실한 한국은 고대 한국사의 무대였던 만주라는 거대한 공간에서 펼쳐졌던 역사를 상상하며 대륙으로 질주할 기회를 잃게 되었다. 만주는 세계사적인 측면뿐 아니라 동아시아 국제정치의 향방을 좌우할 지정학의 핵심지대이다. 이 점에서 한국이 지정학적으로 마치 고립된 섬처럼 봉쇄되어 대륙으로 뻗어나갈 상상의 지평선을 잃은 것은 참으로 뼈아픈 것이다.

다른 한편, 분단이 구한말에서 일제강점이라는 역사의 격변을 거치면서 해외로 흩어졌던 수많은 한인에게 이산과 유랑, 갈등을 부추기거나 방치하는 요인이 되었다는 점도 눈여겨보아야 할 대목이다. 한국은 중국 · 이스라엘 · 이탈리아 등에 이어 세계적으로 손꼽을 만큼 규모인 750여 만 명에 달하는 재외동포를 가지고 있다. 주목할 것은 이들이 대부분 중국 · 러시아 · 중앙아시아 및 일본에 거주하고 있고, 가난과 식민지 수탈을 피해 나라를 떠났거나 일제에 의해 강제로 끌려간 사람들의 후예라는 점이다.

제2차 세계대전이 끝난 후 귀국하지 않고 현지에 정착한 독립운동가의 후손도 많다. 그중에서도 연변을 중심으로 집거하게 된 조선족 사회는 매우 독특한 위상을 갖고 있다. 그들은 중국의 모범적 인민으로 중국 사회주의혁명의 선두에 섰으며, 북한과의 특수한 연대감 속에 6·25전쟁의 전위가 되기도 하였다. 1992년 한·중 수교 전에는 두만강을 사이에 두고 북한과 밀접한 관계를 가졌지만 한·중 관계가 정상화된 후에는 오히려 한국과 더 활발히 교류하고 있다. 망국과 가난과 식민과 분단의 역사를 체현해온 것이다.

냉전 종식과 경제의 세계화, 놀라운 기술 진보로 세계 정치는 이전과 매우 다른 양상으로 전개되고 있다. 전 세계가 하나의 생활권으로 통합되고, 국가 이외에도 국제기구, 기업과 개인이 국제정치의 행위자로 활약하고 있다. 이런 국제정치의 생태 변화는 그동안 우리 인식의 지평에서 사라졌던 만주(대륙)라는 공간과 거기에 살고 있는 조선족 사회의 위상과 역할을 다시 생각하는 계기가 되었다. 1992년 한·중 수교와 중국의 경제적 발전이 결정적 촉매가 되었음은 물론이다. 이같은 북방 공간과 조선족 사회와의 교류 재개는 통일문제와도 밀접한 관련을 갖게 되었다. 이 지역은 지정학적으로 한반도의 미래에 결정적으로 중요할 뿐 아니라 한민족의 고지故地였다는 점에서 남다른 의미를 갖는다.

이 글은 이런 문제의식에서 그동안 한반도 평화와 통일을 설계하면서 크게 주목하지 못했던 만주와 연변조선족자치주를 중심으로 조선족 사회에 대한 몇 가지 생각을 정리해보고자 한다. 즉, 북한을 넘어 조선족을 비롯한 재외동포를 아우르는 새로운 민족공통체를 이루고, 새로운 세계질서에 능동적으로 참여할 수 있는 계기와 동력을 어떻게 확보해나갈 것인가, 이 과정에서 우리와 국경을 바로 맞대어 살고 있는 연변 조선족 사회는 어떠한 전략적 의미를 갖는가 등이 이 글에서 밝혀보고자 하는 것들이다. 한 언론인이 고백하듯 분단 70년은 참으로 부끄러운 역사이다.[3] 그것은 한민족 전체의 삶을 질곡해온 정의롭지 못한 역사이기도 하다. 분단과 통일에 대한 새로운 사고와 상상력의 수혈 없이는 이 부끄럽고 자기 소모적 역사를 마감하기 어렵다. 통일문제를 남북한이라는 공간에서만 사고하는 기존의 관성을 벗어나 세계를 시야에 넣는 공간적 상상력과 이를 뒷받침하는 논리를 구성하지 않으면 안된다. 이런 맥락에서 식민과 분단의 체현자인 조선족이 다시 한반도 평화와 통일의 지렛대가 될 수 있는지를 점검해보고자 하는 것이다.

이 글의 '여는 글'에서는 기본적인 문제의식을 제기하였다.

1장에서는 국제정치의 생태 변화에 따라 통일환경이 이전과 질적으로 달라지고 있으며, 이런 과정에서 우리가 왜 조선족 사회에 주목해야 하는가를 살펴보았다.

2장에서는 조선족 사회가 걸어온 발자취를 간단히 살펴본 후, 공동체 해체 위기에 처한 조선족 사회가 가지고 있는 위기와 기회 요인을 설명하였다. 그리고 한·중 간 뜨거운 쟁점으로 내연內燃하고 있는 역사갈등과 영토(간도)문제의 개요를 설명해두었다. 이 문제를 비껴서서 한·중 관계 발전이나 조선족 사회와의 협력, 연대를 논의하기에는 한계가 있다고 보기 때문이다.

3장에서는 연변 두만강 지역에 생성되고 있는 초국경 공간을 중국의 재영역화와 국제사회의 협력이라는 두 지점에서 조망하고

자 하였다. 이 지역에 대한 정책의 지향점을 놓치지 않으면서 복잡하게 얽힌 난제를 풀려면 이 공간에서 교차되고 있는 다양한 요소들과 그 흐름의 구조를 잘 분별해야 한다. 이런 맥락에서 역사 · 영토 문제에 대한 새로운 발상이 필요하다는 점을 강조하였다.

4장에서는 한국인과 조선족 간의 갈등 양상을 논급하였다. 한국인과 조선족 사회의 균열은 통일 역량의 극대화와 미래공간 확보라는 전략적 지향을 흐리고 있다. 이 점에 유의하면서 남과 북의 재외동포정책을 비교하면서 분단이 남북한뿐 아니라 재외동포사회의 분열과 갈등을 낳았고, 결과적으로 한민족의 역량 누수라는 부정적 효과를 유발한다는 점을 설명하였다. 화교와 유태인 네트워크를 타산지석으로 삼아 조선족 사회의 발전 방향을 탐색하였다.

5장에서는 화교와 유태인의 네트워크 전략의 성공요인을 통해 한국의 재외동포, 특히 조선족 사회의 정체성을 유지하기 위한 대안적 사고를 정리해두었다. 특히 미래지향적이고 진취적인 역사의식이 중요하다는 점을 각별히 강조하고, 조선족 사회를 평화와 통일의 네트워크에 포섭하기 위한 정책을 정리하였다.

'닫는 글'에서는 논의의 내용을 개략적으로 요약하고, 역사의 전환점에서 잃어버린 지평선에 대한 감각을 회복하고 역사에 대한 자신감을 재충전해야 함을 다시 강조하였다. 그리고 조선족 사회를 통일의 지렛대로 삼고, 역사적 기회를 놓치지 않기 위해서 남북관계를 전진적으로 풀어가는 것이 그 핵심 전제임을 확인하였다.

미주

1. 박한식(2018), 『선을 넘어 생각하다』, 부키, 161쪽.
2. 주용승(2018), 『조난자들: 남과 북, 어디에도 속하지 못한 이들에 관하여』, 생각의 힘, 108-109쪽.
3. 이하경, "분단 70년이 부끄럽지도 않은가", 『중앙일보』(2015. 5. 27).

모든 이론은 항상

누군가의 목적을 위해 존재한다.

– 로버트 콕스

제1장

통일공간의 재편과 연변, 조선족

분단 70년 동안 남과 북은 치열한 체제 경쟁을 거듭해오면서 통일의 주도권을 잡기 위해 노력해왔다. 1970년대 이후 우리는 산업화와 민주화를 이룩하고 내부 역량을 축적하면서 남북관계에서도 주도적인 입장에 설 수 있게 되었다. 그러나 아직 상대적 국력의 우위를 통일의 동력으로 충분히 수렴해내지 못하고 있으며, 북한 통일문제에 대해 소위 보수와 진보 진영 간의 소모적인 다툼도 그치지 않고 있다. 북한과의 대결에 몰두했던 이명박·박근혜 정부 기간 경험했던 '전쟁의 위기'는 한반도의 안정과 평화를 이루기 위해 우리가 무엇을 어떻게 해야 하는지를 심각하게 고민하는 계기가 되었다.

우리 사회는 이제 다시 남북의 갈등을 끝내고 협력적 경쟁co-opetition이라는 '가보지 않은' 길을 나서고 있다. 남북 관계는 기본적으로 권력 대 권력의 관계이다. 남북 양자만의 게임으로만, 협력이냐 경쟁이냐는 이분법적 잣대로만 남북 관계를 보는 것은 현실적이지 못하다. 낡은 패러다임으로, 구원仇怨의 이분법으로, 외세에 기대는 오래된 관성으로는 미래를 개척해 갈 수 없다. 캔버스를 크게 펼쳐놓고 세계정치의 생태와 통일환경이 어찌 변하고 있는지, 평화와 통일을 이루기 위해 가용한 자원은 무엇인지, 특히 재외동포의 잠재력을 어떻게 통일의 동력으로 이끌어 갈 것인지를 진지하게 자문할 일이다. 각주구검刻舟求劍의 우愚를 범하지 않으려면 통일의 의미를 총체적으로 점검하지 않으면 안된다.

1
국제질서와 생태의 지속과 변화

국제정치를 설명하는 이론 중 가장 강력한 영향력을 발휘하고 있는 것은 정치적 현실주의이다. 정치적 현실주의의 요지는 국제사회가 국가를 기본 행위자로 구성되어 있으며, 모든 국가는 국가 이익의 관점에서 자국의 정책을 판단하고 결정한다는 것으로 요약된다. 이에 반해 국가 간의 교역과 상호 의존을 강조하는 자유주의나 정체성의 정치에 주목하는 구성주의적 관점 등도 국제정치를 설명하는 유력한 논의로 소개되고 있다.

국제정치를 설명하는 다양한 이론들은 각자의 근거와 장점을 가지고 분화하고 발전하고 있다. 특히, 과학기술의 놀라운 발전과 세계화의 급속한 진전은 국제정치 생태에 본질적인 변화를 만들어 내고 있고, 이에 따라 한반도를 둘러싼 국제정치도 이전과는 다른 관점으로 살펴볼 수 있게 되었다. 문명의 전환이라고 할 만큼 국제정치 생태나 인간 삶의 공간, 심지어 인간 자체가 혁명적인 변화를 겪고 있다.[1]

일부 학자들은 앞으로의 국제질서가 주권국가를 기본 단위로 하는 베스트팔렌체제가 이완되면서 영토성의 해체와 초영토성 extraterritoriality, 도시화 등을 특징으로 하는 중세의 그것과 닮아갈 것이라고 본다. 이런 국제정치 생태의 변화가 경쟁과 권력 위주의 정치 현상을 줄여가면서 협력과 공존의 기회를 확대할 것이라는 기대를 표명하기도 한다. 국제정치에서 권력의 주체와 행사방식이 변화하고 있는 것이다.

단순화의 무리가 따를 수 있지만, 권력의 정치와 협력의 정치라는 두 흐름을 〈그림 1〉처럼 그려볼 수 있다. 한반도의 국제정치가 냉혹한 현실주의의 지배를 받고 있다는 사실을 부인하기는 어렵다. 하지만 이와 다른 한편에서 공존과 협력이라는 국제정치의 새로운 영역과 문제의식이 증가하고 있다는 사실을 확인해두는 것이 중요하다. 이런 균형감이야말로 우리가 직면한 현실의 각박함에 주의하면서도 새로운 권력자원을 발굴하면서 미래환경을 설계하고 개척해나갈 여지를 만들어주기 때문이다.

〈그림 1〉은 우리가 한반도에 대한 지정학적 압력을 줄이는 과제를 안고 있다는 것, 반면 변화하는 국제정치 생태와 환경 변화라는 기회를 활용해나가야 함을 보여주고 있다. 한반도가 다시 강대국 정치 소용돌이의 장으로 전락할 것인가, 아니면 세계평화의 비전을 쏘아 올리는 새로운 공간으로 거듭날 수 있을 것인가는 우리가 이런 엇갈리는 흐름에 얼마나 잘 대응하고 활용해나가느냐에 달린 문제이다. 이와 같은 국제정치의 다양한 경로에 주의한다면 북한을 악마시하거나 협상의 여지조차 부정하려는 듯한 우리 사

〈그림 1〉 국제정치 생태, 환경의 변화와 점이현상

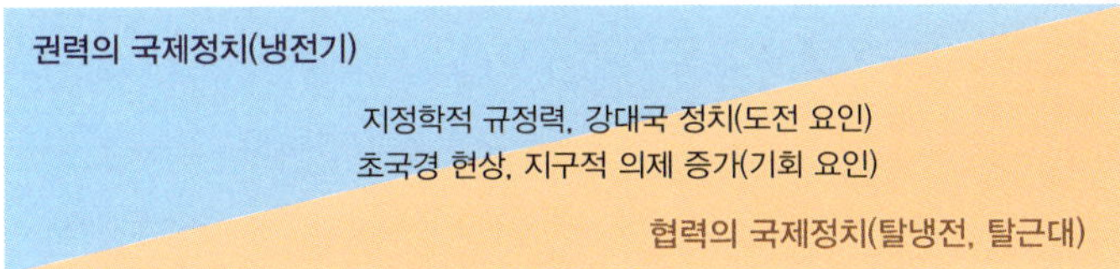

회 일각의 이분법적 사고는 진부하고 공허하다. 작은 성공에 취해 북한을 일방적으로 무시해 버리려는 '성공의 역설'을 경계해야 한다. 그것은 몰역사적이며 자기기만적인 나르시시즘에 지나지 않는 것이기 때문이다. "소련은 악마의 제국이다. 그러나 바로 그렇기 때문에 소련과 끊임없이 대화해야 한다." 소련 몰락을 유도한 레이건Ronald W. Reagan 전 미국 대통령의 말이다. 깊이 새길만하다.

그동안 우리 사회에서는 한반도의 국제정치가 지정학적 논리의 지배를 받아왔다는 주장이 마치 굳어진 이치처럼 받아들여져 왔다. 중국의 부상 이후 대륙과 해양의 대치 전선 윤곽이 분명해지면서 이른바 '지정학의 귀환return of geopolitics'[2] 도 운위되고 있다.

실제 한반도 국제정치를 지정학적 시각에서 이해하려는 주장은 국제사회에도 깊은 뿌리를 가지고 있고, 이러한 사고가 강대국의 한반도 전략에 투영되어왔다. 한반도가 지정학적 위치로 말미암아 2000여 년 동안 중국과 일본 사이에서 희생양이 되어왔다고 주장한 현대 현실주의 국제정치의 창시자 모겐소Hans J. Morgernthau, 최근 북핵 빅딜론[3]을 주장한 키신저Henry A. Kissinger나 중국과 일본의 한국사 왜곡은 모두 이같은 고정관념과 깊은 관련을 가지고 있다.

더욱이 문제는 이 같은 지정학적 논리가 외부에서 만들어지고 조작된 측면이 있음에도 불구하고 우리가 이를 무비판적으로 되뇌이거나 심지어 자가발전해온 측면이 있다는 것이다. 일부 언론은 한반도에 위기가 고조될 때마다 한반도에서 벌어졌던 대규모 전쟁을 얘기하면서 '투키디데스의 함정'[4]을 환기시키고, 역사는 반복된다는 주장을 국민들에게 끊임없이 '주입'해왔다. 이런 언설 속에서 국민들은 한국의 미래가 지정학적 논리의 지배를 받을 수밖에 없다는 체념의 정서에 길들여지고, 강대국 사이의 한반도가 다시 과거와 같은 지정학적 파고에 휩쓸리는 것은 아닌가 하는 두려움을 키우게 되는 것이다. 이런 주장은 한국 역사상의 일부 시기, 몇몇 국면의 경험을 침소봉대하는 것일 뿐만 아니라 국제정치의 생태가 변화하고 있다는 점, 한국의 국력과 국제사회에서의 위상이 과거와 판이하게 다르다는 점에서 현재적 타당성을 갖기 어렵다.

공간과 권력의 관계를 다루는 지정학은 그동안 타국의 영토에 대한 통제, 지배나 침략을 정당화하고 선전하는 유사이론이라는 혐의를 받아왔다. 그러나 20세기 말부터 지리적 요소들이 변치 않는 것이 아니며, 세계는 '존재'하는 것이 아니라 '해석'되는 것이라는 사고가 힘을 얻어가고 있다. 지경학, 페미니즘 지정학, 비판지정학 등 신지정학이 갖고 있는 문제의식이다. 이들은 기존의 지정학이 객관적 지식이 아니며, 특정 집단, 권력의 입장을 정당화할 뿐이라고 비판한다. "지정학이 권력정치에 대한 것이 아니라 권력정치 그 자체"라는 켈리Phil Kelly의 말은 이 점을 예리하게 지적하고 있다.[5] 지정학의 논리에 숨겨진 '강자의 복선伏線'에 유념해야 한다는 것이다.

이런 맥락에서 우리는 한반도의 지정학에 대한 논의의 장에 역사를 소환하지 않을 수 없게 된다. 중국과 일본의 역사왜곡이 한반도에 대한 지정학적 편견에 뿌리를 두고 있으며, 그들의 역사정책, 한반도정책과 직결되어있기 때문이다. 국제정치이론은 역사적 경험에서 귀납되고 해석되는 것이다. 서구의 국제정치이론이 그러하고, 중국과 일본의 사정도 크게 다르지 않다.

그렇다면 우리는 한국의 역사에서 추출하고 숙성시킨 외교의 논리를 가지고 있는가, 한반도를 보는 수변의 시각을 전복할 우리 이론을 가지고 있는가를 자문하지 않을 수 없다. 우리 역사에 대한 과학적 방법론을 세우고 정교화해나가지 않으면 남의 곡조에 우리의 얘기를 싣는, 남이 만들어 놓은 논리로 우리를 설명하는 지식의 식민성을 극복해내기 어렵다.[6] 한반도의 지정학을 숙명처럼 주입당해온 국민들의 우리 역사에 대한 자화상도 고쳐지기 어렵다. 한반도와 그 외곽에서 벌어지고 있는 공간 혁명에 능동적으로 참여할 수 있는 국가전략을 만들고, 국민들의 지지 속에 이를 추동해나가기 어려움은 물론이다. 지식의 결손이 국가전략에 치명적 애로를 조성하게 되는 것이다. 이카로스의 운명[7]을 피하려면 국제 관계를 냉정한 현실주의적 관점에서 관찰하면서도 우리가 가고자 하는 통일의 이상을 지향해야 한다. 바야흐로 한국의 총체적 능력이 시험대에 오르게 되었다.

2
통일공간의 변화와 재구성

냉전기 한반도의 국제정치는 공고한 진영논리의 지배를 받아왔다. 그러나 앞서 본 것처럼 냉전적 질서가 이완되면서 국경의 의미가 변화하고 초국경 협력공간이 활성화되고 있다.[8] 한반도 주변에서도 환서해경제협력, 압록강과 두만강 등 북·중 변경에서의 국제협력, 환동해경제권, 부산-후쿠오카 초광역권 구상 등 국경을 가로지르는 공간에서의 협력 구상이 활발하게 논의되어왔다.

한반도 내부로 눈을 돌리면 남북한 간에는 개성공단 재개, 비무장지대 평화지대화, 서해에서의 남북한 공동어로, 한강 하구 수역 공동 이용 등을 실천하기 위한 조치들이 논의되고 있다. 이렇게 한반도와 외부, 남과 북을 연결하는 초국경 공간에서의 협력이 펼쳐지면 한국의 영역이 크게 확장되는 효과를 갖게 된다. 고립된 '섬'에 갇힌 국토 조건을 만회하고, 한반도의 새로운 역사경관historical landscape을 구상해 낼 수 있게 되는 것이다.

이런 흐름은 통일을 단순히 '국토'의 통일로 보아왔던 기존 개념의 수정을 요구하고 있다. 한반도가 대륙과 해양 세력 사이에 '끼인' 존재라는, 일본이 만들고 우리가 묵수墨守해온 관념을 수정해야 한다. 『보이지 않는 대륙』의 저자 오마에 겐이치大前研一는 미래의 세계가 국경의 쇠퇴, 글로벌 커뮤니케이션과 상거래가 구현되는 새로운 차원으로 전개될 것으로 본다. 그리고 "힘의 본질과 게임의 양상이 변화하고 있음을 민감하게 감지해야 한다. … 이런 '보이지 않는 대륙'에서 경쟁력이란 경쟁자의 움직임에 초점을 맞춘다고 얻어질 수 있는 것이 아니다. … 예측 불가능한 상황에서도 굳건히 지킬 수 있는 전략지구를 개척해야 한다"고 충고한다.[9] 통일은 북한과의 경쟁에 몰두하는 것만으로 이루어지는 것이 아니며, 미래의 번영을 위한 새로운 국부의 원천 공간을 찾아야 한다는 의미로 새길 수 있다. 한반도 내외부를 연계하는 초국경 공간, 전 세계를 거미줄처럼 연결하는 사이버 장으로 상상력을 확장하면 한반도는 우리 미래를 담보할 만큼 '충분히 작은' 공간이 되지 않을까?

그러나 기회는 저절로 다가오지 않는다. 틈새를 찾고, 넓혀가기 위한 기획과 노력이 배합되어야 하는 것이다. 통일과 미래공간을 재구성해내려면 몇 가지 문제들을 고려하지 않으면 안된다. 가장 중요한 것은 '주변부 의식'을 청산하는 것이다. 한반도를 중심에 놓고 변화하는 국제정치의 흐름을 읽고 전략을 구상해나가는 '생각의 힘'을 키워야 한다는 것이다.

독일 통일의 기틀을 잡은 전 독일 수상 브란트Willy Brant는 "서방과 동방 중간에 갇혀서는 우리 민족의 이익이 보호될 수 없다"고 하면서 동방정책Ostpolik을 통해 통일을 이루고, 독일을 '유럽의 중심'으로 만들겠다는 신념을 지켰다.[10] 여기에서 그의 말을 인용하는 것은 한국이 동아시아를 제패한다는 식의 비현실적인 주장을 하기 위함이 아니다. 실제로 독일이 통일과정에서 미국과의 동맹관계를 소홀히 한 것도 아니고, 자민족중심주의를 내세운 것도 아니라는 점은 시사하는 바가 크다. 주변환경을 선제적으로 파악하면서 통일공간[11]을 구성하기 위해서는 중심과 주변이라는 이분법의 연장에서 우리를 종속 변수로 사고하는 관성에서 벗어나야 한다. 시선의 전도顚倒가 필요한 것이다. 일본을 한국으로 바꾸어 오마에 겐이치의 글을 다시 읽어보자.

불행하게도 일본에서는 공유할 수 있는 비전에 대한 토론이 제대로 이루어지지 않고 있다. 그 이유는 샤머니즘적 태도와 관계가 있다. 문제의 심각성을 인식하면 할수록 문제가 더욱 악화될지도 모른다고 생각하기 때문에 어려운 일들에 대해 이야기하기를 꺼리는 것이다.[12]

한반도 주변환경의 변화가 빠르고 깊다. 겐이치의 말대로 어려운 일을 얘기하기를 꺼리기에는 시간과 공간의 압박이 매우 크다는 것이다. 그동안 많은 계기에 통일의 장밋빛 비전이 제시되어왔지만 평화와 통일까지는 아직도 갈 길이 멀다. 그럼에도 우리 사회는 먼 길을 가기 위한 비전과 방법론을 공유하지 못하고 있다. 이른바 '남남 갈등'이라는 몸살을 이겨내지 못하고 있고, 북한을 '뛰

어넘는' 발상을 토론하기보다 골치아픈 문제는 외면, 회피하려는 경향도 강하게 남아있다. 많은 지점을 확인해야 하겠지만 무엇보다 한반도 미래와 그 공간에 대한 역사인문학적 담론 구조가 빈약하다는 것이 가장 중요한 요인으로 보인다.

또 하나의 문제는 초국경 협력을 추동할 자원과 전략에 관한 것이다. 현대 국제 관계에서 공간에 대한 투쟁은 여전히 중요한 요소이다. 하지만 국가 관계가 다원적으로 긴밀히 교직되는 상황에서 공간의 의미가 과거와 같지 않고, 공간 운용 전략도 이전과 같지 않다. 하영선 교수 등은 네트워크 지식국가network knowledge state를 새로운 국가상으로 제시하고, 그 개념화와 한국적 가능성을 탐색한 바 있다. 정보기술혁명에 따라 세계 구석구석이 네트워크로 연결되고 있는 초연결사회에서 네트워크의 중요성에 착안하여 국가전략의 자원으로 활용해나가자는 것이다.[13]

우리의 경험세계 속에서도 해역과 육로를 넘이 네트워크를 구성하여 부를 축적한 예는 많다. 역사적으로는 청해진과 신라방, 신라소 등을 거점으로 동아시아 해역을 장악했던 장보고의 해상네트워크가 있고, 현재적으로는 전 세계를 거미줄처럼 엮으며 뛰고 있는 우리 기업들이 있다. 여기에 또 하나의 무한한 잠재력을 가지고 있는 것이 바로 재외동포들의 네트워크이다. 이 네트워크야말로 동아시아에서 우리의 활동영역을 확장하고, 한반도의 평화와 통일을 지지해나갈 수 있는 유력한 자원이다. 이들의 유용성에 대해서는 이미 여러 논의가 있어왔다.[14] 그러나 안타깝게도 이 같은 자원이 통일자원으로 활용되지 못한 것이 그동안의 사정이었다. 분단으로 말미암아 한국인들의 심상지리 영역이 분절된 탓이다.

셋째, 이와 같은 분절성을 극복하려면 개방적이고 진취적인 역사인식이 계발되어야 한다. 앞에서 역사인식이 중요함을 지적하였지만, 통일공간의 활용과 관련하여 좀 더 부연하기로 한다. 김기봉 교수는, 한국(인)은 외세가 우리를 건드리지 않으면 역사의 힘을 느끼지 못하는 불감증, 고질병을 가지고 있다고 비판하며 21세기 한반도의 길을 제시하는 역사학 수립을 역설하고 있다.[15] 외부의 자극에 수동적으로 반응하는 충격-반응의 의타적 역사인식이 아니라 우리의 시각으로 외부환경을 해석하고 이를 개척하려는 주체적인 자세가 필요함을 강조하는 것이다.

역사인식의 방향이나 구체적 내용은 이 글의 범위를 넘는 것이다. 다만 여기서는 한반도 분단을 타파하기 위해서는 현실 국제정치의 흐름을 적확히 읽는 것 못지않게, 한국(인)의 기억과 행태에 드리워진 좌절의 심리 구조를 자신감으로 전환해나가는 것이 시급하다는 점을 지적해두고자 한다. 우리는 아직도 자국의 역사를 강대국의 틈바구니에서 고통받고 좌절한 역사로 기억하는 패배주의적 역사인식을 말끔히 가시지 못하고 있다. 마조히즘masochism이라고 할 만큼 위축된 역사관은 주어진 현실과 욕망하는 이상 간의 '인지 부조화cognitive dissonance'를 초래한다. 북한(인)이나 조선족, 중국(인) 등에 대한 근거 없는 편견과 깔보기 등에서 엿보이는 비현실적인 자기과시욕은 이런 부조화의 적나라한 모습들이다.[16]

더욱 우려스러운 것은, 우리 역사에 대한 수동적 인식이 우리 문제에 대한 객관적 해법 도출을 방해한다는 것이다. 우리 사회를 외부에서 주어진 지식 담론의 단맛에 길들게 하고, 담대한 상상력을 억압하는 악순환을 조장하는 요인이 되고 있기 때문이다. 부찬승 박사는 북한과 이스라엘이 '포위 심리siege mentality'로 '불신'과 '두려움'의 심리 구조를 가지고 있다고 본다.[17] 불신과 두려움은 한국의 대외인식을 설명하는 것에도 유용하다. 이런 주술적 역사 심리가 정상적으로 여과되지 못하여 여론과 정책, 국가전략을 오도하거나 좌절시켜 온 것이 그간의 경험이라고 해도 지나치지 않다.[18]

심리학자들은 인지 오류가 자신의 사고와 행동에 대한 성찰 과정을 통해서만 타파될 수 있다고 보는데, 이는 역사에 대한 인지오류를 극복하기 위해서도 자기와 타자, 역사에 대한 성찰이 필수적임을 말해주는 것이다. 투사 · 합리화 · 책임전가 등의 심리적 방어기제는 통일시대의 역사인식과 맞지 않는 것들이다. 미래 비전과 플랫폼의 선제적 제시, 통일공간 설계와 새로운 기회 창출을 위해서는 우선 우리의 역사관이 올바로 수립되어야 한다.

한반도와 남북한 간의 경계를 가로지르는 초국경 협력 구상들은 분리된 것이 아닌, 서로 긴밀히 연결된 전략적인 구도 위에서 고려될 사안들이다. 이들을 통일과 통일 이후의 공간 구상으로 수렴하고 통합, 조감鳥瞰할 수 있는 비전과 개념이 개발되어야 하는 이유이다. 이런 학문적 토대가 구축되어야 지정학적 숙명론을 벗어날 수 있고, 그래야 한국의 미래를 그려낼 수 있다.

3
연변, 조선족은 우리에게 무엇인가?

통일공간의 확장, 재구성이라는 측면에서 연변과 조선족 사회가 가지고 있는 의미는 각별하다. 연변 지역이 가지고 있는 지정학적 입지도 입지이지만, 이 지역을 중심으로 자리잡고 있는 조선족이라는 존재가 한·중 관계에서 미묘하고도 독특한 위상을 가지고 있기 때문이다.

더욱이 이곳은 중국과 역사논쟁의 핵심지역이며, 초국경협력 논의가 가장 활발하게 논의되고 있는 지역이기도 하다. 국제정치 생태의 변화 속에서 통일공간의 확장을 가장 먼저 구현할 수 있는 곳도 이 지역이다. 남북 관계 개선을 통일과 등식화했던 지금까지의 사고에 대한 성찰적 검토를 요구하고 있는 것도 그 연장이다.

연변조선족자치주는 길림성에서 유일한 소수민족 자치주로서 길림성 동남부에 위치하고 있으며, 면적은 42,700km^2, 길림성 총면적의 약 4분의 1을 차지한다(한국 면적의 1/2 정도). 동쪽으로는 러시아와 닿아있고, 남으로는 두만강을 사이에 두고 북한을 마주하고 있다. 국경선의 길이는 768.5km에 달하는데, 그중 중·러 국경선이 246km, 그리고 북·중 국경선의 길이가 522.5km이다. 현재는 연길·도문·돈화·화룡·용정·혼춘의 6개 시와 왕청·안도 등 2개 현으로 구성되어 있다.

연변이 동북아 국제협력이나 통일문제와 관련해서 갖는 전략적 의미는 다음과 같은 몇 가지로 정리할 수 있다.

첫째, 북·중·러의 국경지대에 자리잡은 연변은 중국 내륙과 러시아, 북한으로 가는 지정학적으로 중요한 입지를 가지고 있다. 두만강의 권하圈河 통상구를 통하면 나진·선봉까지 곧바로 닿을 수 있고, 러시아의 연해주도 지척에 두고 있다. 개혁개방 이후 중국이 놀라운 경제성장을 이루고 경제의 세계화를 가속화하면서 이 지역의 지정학적 중요성이 더욱 주목받게 되었다. 연변의 두만강 하구 지역을 국제협력 공간으로 만들어나가려는 국제기구와 주변 당사국들의 노력도 계속되고 있다. 이 과정에서 주도권을 확보하려는 물밑 경쟁도 치열하다. 두만강개발과 환동해협력 등이 전자의 예라면, 중국이 '동북진흥계획' 등을 추진하면서 이 지역에서의 영향력을 배가해 가고 있는 것은 후자의 예이다. 미국과 일본이 동북아경제의 향배에 핵심적으로 중요한 연변·신의주 등 북·중 변경지역에 깊은 관심으로 보이고 있는 것도 같은 맥락이다.

한편, 연변 지역에는 북·중·러 간의 교통로도 실핏줄처럼 펴져있다. 두만강 하구에는 러시아와 북한을 잇는 철교가 있고, 권하·도문·혼춘 등 북·중 간의 주요 통상구도 자치주 내에 자리하고 있다. 최근 중국은 권하 세관에 신두만대교를 개통하였고, 중국

〈그림 2〉 연변조선족자치주의 위치와 행정구역

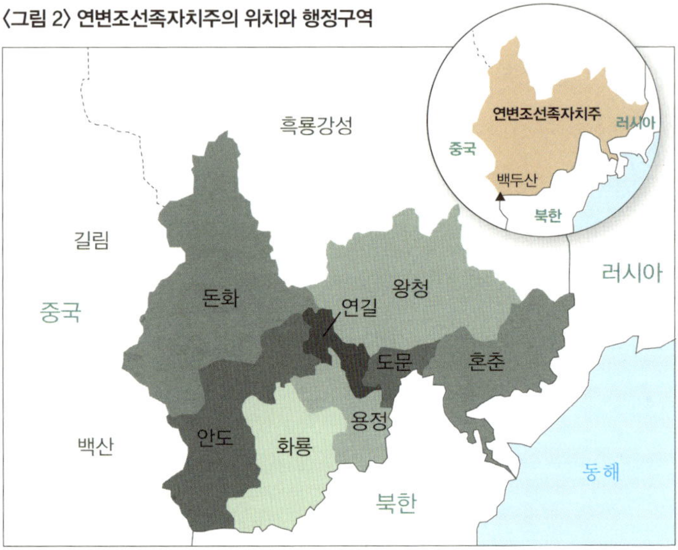

측 도문과 북한 측 남양 간의 새로운 교량도 완공을 앞두고 있다.

전체 북·중 교역의 70% 이상이 압록강 하구의 단동–신의주 간에 이루어지고 있지만, 북한의 경제개발이 본격화되면 연변 지역을 통한 양국 간 교역도 크게 증가할 것으로 예상되고 있다.

둘째, 이 공간에서 중국의 한반도에 대한 국경선 압력border pressure이 현실적으로 존재하고 있다는 점이다. 6·25전쟁 당시 중국이 북·중 국경지대에 중립지대를 설치하려 했다거나[19] 북한발 위기지수가 높아질 때마다 북·중 국경지대에서 중국의 군사활동이 증가하고 있는 것은 이 압력이 언제든 현실의 위협으로 바뀔 수 있는 엄중성을 말해주는 것이다. 그런 비상시의 경우가 아니더라도 북·중 국경지대에서 양국 간 경제적 낙차가 커지면서 이 지역이

〈그림 3〉 도문-남양 간 건설 중인 다리

북한 경제의 중국 예속화를 예비하는 교두보가 되어가고 있다는 사실을 직시하지 않으면 안 될 것이다.

이곳에 잠재해 있는 상업적 기회를 살리면서 북한을 한민족경제권으로 포섭해내려면 북·중 변경의 현실 지형에 대한 연구와 대응방안이 수립되어야 할 것이다. 남북 관계의 근본적인 개선을 이뤄내지 못하면 이런 기회를 살릴 수 없음은 물론, 한반도에 대한 중국의 경제적 압력과 안보적 위협은 더욱 증가할 것이다. 북한 정세가 불안정해지거나 경제적 위기가 재연될 경우는 더욱 그러하다. 한·중 양국은 다양한 수준의 대화와 협력의 채널을 가지고 있다. 중국과의 건설적 대화를 이어가면서 관련 문제들을 끈기 있게 풀어나가야 할 것이다.

셋째, 이 지역이 우리 고대사의 무대였다는 점이다. 연변과 북·중 변경 주변에는 고구려의 첫 수도(기원전 37~기원후 3년)로 비정되는 오녀산성五女山城, 일명 졸본성(卒本城)과 두 번째 수도(기원후 3~427년)였던 국내성國內城과 환도산성丸都山城(중국에서는 산성자산성山城子山城으로 부름) 등 도처에 한국 고대사의 숨결이 묻혀 있다.[20]

발해의 5경 중 동경(지금의 혼춘 지역), 중경(지금의 화룡 지역), 서경(지금의 임강 일대)이 자리잡았던 곳도 연변 지역이다. 그 직계들이 이곳에 계속 거주해온 것은 아니지만, 구한말 이후 한민족의 후예가 역사적 고지이며 전략적 거점에 터를 잡게 된 것은 어떤 의미에선 역사적 행운이다.

최근 중국이 동북공정 등 '역사 만들기'에 나서고 있지만, 이 지역에 조선족 사회가 존재하지 않았다면 아마 우리는 중국의 이런 기도를 막을 기회조차 갖지 못했을지도 모른다. 고구려와 발해의 역사를 조사, 연구하면서 후학을 양성해온 박진석, 방학봉 교수 등의 개척자적 역할은 이런 점을 잘 말해주고 있다. 정치적 격동기에 우파분자로 낙인 찍혀 모진 고초를 겪으면서도, 역사 현장에서 우

〈그림 4〉 연변대학 본관

리 유산을 지키고 연변대학 한국사 연구의 토대를 닦은 점은 높이 평가할 일이라고 하겠다.

1948년 3월 개교한 연변대학은 지난 70년간 민족간부 양성과 한민족의 역사, 언어 및 문화를 전승하는 보루가 되어왔다. 연변대학의 발전은 북한을 빼놓고 얘기하기 어렵다. 후에 북한 국가부주석을 지내기도 했던 임춘추가 학교 설립에 중심적인 역할을 하였거니와, 이후에도 북한 지도부는 연변대학의 발전을 전폭적으로 지원하였다. 1992년 한·중 수교 이후 연변대학은 남북한 학술교류에 중요한 거점이 되고 있다. 이렇듯 연변 조선족 사회는 남북 관계와 한민족의 통일을 촉진해나갈 수 있는 풍부한 경험과 잠재력을 가지고 있다.

넷째, 연변 조선족 사회가 글로벌 코리안네트워크를 구축하는 데 핵심적으로 중요하다는 점이다. 우리의 재외한인은 750만 명 규모이고, 그중에서 조선족 사회가 35% 정도를 차지한다.[21]

게다가 중국 조선족 사회는 남북한 모두와 다양한 교류 경험과 네트워크를 보유하고 있고, 경제력을 축적하며 중국 사회에서 영향력을 키워나가고 있기도 하다. 이와 같은 비중과 경험을 감안하면 조선족 사회는 글로벌 코리안네트워크의 핵심 고리로서 잠재력을 가지고 있다고 하겠다. 연변이 가지고 있는 지리적 이점과 함께 통일자원으로서의 의의와 중요성을 무시할 수 없는 까닭이다.

다섯째, 문재인 정부에서 추진하고 있는 한반도신경제지도나 신북방정책도 이 지역과 깊은 관련을 가지고 있다는 점을 지적하지 않을 수 없다. 한반도 신경제지도는 남북 접경지역과 환동해, 환서해 등 3개의 축선을 통해 남북한 경제공동체와 새로운 성장동력을 창출한다는 구상을 기본으로 한다. 이 구상의 추진과정에서 중국 내륙과 북한, 러시아 연해주와 동해와 연결되는 사통팔달의 입지를 가지고 있는 연변이라는 공간을 비껴가기 어렵다. 더욱이 역사문화적으로 한반도와 밀접히 연계된 조선족 사회가 존재하고 있는 중국 동북 지역에 대한 고려는 필수적인 것이다. 뒤에서 좀 더 생각해보기로 한다.

〈표 1〉 한국의 재외동포 현황

구분		2011	2013	2015	2017	백분율(%)	전년비 증감율(%)
총계		7,175,654	7,012,917	7,184,872	7,430,688	100	3.42
동북아시아	일본	913,097	893,129	855,725	818,626	11.2	-4.34
	중국	2,704,994	2573,928	2585,993	2,548,030	34.29	-1.47
소계		3,618,091	3467,057	3,441,718	3,366,656	45.31	-2.18
북미	미국	2,075,590	2,091,432	2,238,989	2,492,252	33.54	11.31
	캐나다	231,492	205,993	224,054	240,942	3.24	7.54
소계		2,307,082	2,297,425	2,463,043	2,733,194	36.78	10.97
유럽		656,707	615,847	627,089	630,693	8.49	0.57
남아시아·태평양		453,420	485,836	510,633	557,791	7.51	9.24
중남미		112,980	111,156	105,243	106,794	1.44	1.47
아프리카		11,072	10,548	11,583	10,853	0.15	-6.30
중동		16,302	25,048	25,563	24,707	0.33	-3.35

※ 러시아는 유럽 지역에 포함

이런 점들을 종합해보면 연변조선족자치주와 이 지역을 중심으로 집거하고 있는 조선족 사회의 중요성은 그야말로 아무리 강조해도 지나치지 않는 것이다.

슈미트Carl Schmitt는 세계사를 육지체제와 바다체제로 구분하면서, 영토를 중시하던 종래의 육지체제 사고에 머물던 독일이 세계적 규모의 연계망을 기본으로 하는 영국의 사고를 이해할 수 없었다고 지적한다. 슈미트는 "영국인들은 근거지나 해상교통노선으로 모든 것을 생각하였다. 다른 민족에게 대지이며 고향인 육지가 그들에게는 단순한 배후지역으로 보였던 것이다"라고 설명한다.[22] 대서양이라는 공간을 배경으로 성장한 영국과 육지에서의 팽창을 기도한 독일이 서로 다른 역사의 길을 걷게 된 것은 그들의 세계관, 공간인식이 이처럼 다른 방향을 향하고 있었기 때문이다. 그만큼 한 국가의 발전에 있어 공간지리에 대한 통찰이 중요함을 보여주는 대목이다.

대륙과 직접 연결된 북한과 달리 한국은 해양세력과의 연계를 통해 성장해왔다. 1980년대 말 이후에는 적극적인 북방정책을 통해 중국·러시아와의 관계를 정상화하면서 북방(대륙)공간에서 경제의 새로운 활로를 찾게 되었다. 그러나 북방공간은 아직 우리에게 활짝 열린 공간이 되지 못하고 있다. 한반도 정세의 불안정성과 남북한의 대치가 만주·연해주 등지와의 전면적인 소통, 연계에 장애가 되고 있기 때문이다.

중국의 동북 지역, 특히 연변조선족자치주는 '동북아의 홍콩'이 될 수 있는 경제지리적 잠재력을 가지고 있는 지역이다. 그렇지만 연변이 아무리 중요한 지역이고, 우리의 미래를 위해 포섭해나갈 전략공간이라고 해도 이 지역에 대한 체계적 연구와 정책적 노력이 경주되지 않으면 이곳은 압력의 공간 아니면 버려진 '기억 속의 역사영토'가 되어버릴 공산이 크다. 버리거나 포기할 것인가, 아니면 우리가 주도적으로 상황을 만들어갈 것인가.

미주

1. 과학기술과 정보 폭발(big data)은 개인뿐 아니라 사회, 국가의 상호연결성(interconnectivity)을 증대시키고 있고, 가상공간과 정보공간을 아우르는 '인지권역(noosphere)'도 무한 확장되고 있다. 인간의 조건이 근본적으로 변화되고 있는 것이다. 낸시 스노우 외 엮음, 이병철 외 옮김(2013), 『21세기 공공외교 핸드북』, 인간사랑, 748쪽.
2. 지정학의 귀환에 대해서는 *Foreign Affairs* (May/June 2014)에 실린 Walter Russel Mead, "The Return of Geopolitics: The Revenge of the Revisionist Powers"; G. John Ikenberry, "The Illusion of Geopolitics: The Enduring Power of the Liberal Order" 참조.
3. 최근 북핵위기 국면에서 키신저는 북핵 해결과 주한미군 철수를 맞바꾸는 이른바 '미·중 빅딜론'을 주장한 바 있다. 이는 전형적인 강대국 중심주의를 보여준다. 김수정, "키신저의 북핵·미군철수 빅딜론, 바보 같은 얘기", 『중앙일보』(2017. 11. 21).
4. '투키디데스 함정(Thucydides Trap)'은 신흥 강국과 기존 패권국이 전쟁을 통해 역학 관계를 조정하는 경향이 있다는 주장이다. 물론 이 가설은 역사적 경험칙일 뿐 법칙성을 가지는 것은 아니다. 최근 미·중 간 패권적 경쟁에 대해서는 그레이엄 앨리슨 지음, 정혜윤 옮김(2018), 『예정된 전쟁: 미국과 중국의 패권 경쟁, 그리고 한반도의 운명』, 세종서적 참조.
5. 여기서의 지정학에 대한 논의는 이상근(2017), 「한국사회의 통일론과 지정학적 인식」, 서울대학교-연세대학교 통일대비국가전략연구팀 지음, 『통일의 신지정학』, 박영사, 31-34쪽; 홍면기(2017), 「만주(중국 동북지역)의 지정학과 지경학적 협력의 문제: 역사·이론·실천의 변증」, 홍면기 외, 『중국 동북지방과 환동해 지역의 관계성』, 경희대학교 출판문화원에서의 논의 참조.
6. 한반도가 '중국의 뒤를 때리는 망치'라거나 '일본의 허리를 찌르는 단도'라는 속언들도 한반도를 지배와 침략의 공간으로 보는, 확장주의를 합리화하는 말에 지나지 않는다. 기본적으로 한반도의 건설적인 지위와 역할에 대한 정당한 평가가 삭제되고 있다는 데 문제가 있다.
7. 그리스 최고의 건축가이며 발명가였다고 하는 다이달로스(Daedalus)의 아들 이카로스(Icaros)는 죽음의 위기에서 아버지가 만들어준 밀랍의 날개를 붙이고 탈출을

시도한다. 다이달로스는 아들에게 "너무 높이 날면 태양에 날개가 녹고, 너무 낮게 날면 바닷물에 깃이 젖을 것이다. 하늘과 바다의 중간을 날아야 한다"고 경고한다. 그러나 이카로스는 하늘 높이 오르다가 태양열에 날개를 잃고 추락하게 된다. 분단을 넘어 통일의 역사로 비상하는 것은 어쩌면 이카로스의 비행처럼 고도의 절제와 지혜를 요구하는 과정일지도 모른다. 나르시시즘에 빠지지 않고, 표류에 대한 두려움을 떨쳐야 하는 것이다.

8. 이에 대해서는 홍면기(2006), 『영토적 상상력과 통일의 지정학』, 삼성경제연구소, 25쪽 참조.

9. 오마에 겐이치 지음, 안진환 옮김(2001), 『보이지 않는 대륙』, 청림출판, 183, 384쪽.

10. 송민순, "북방경제로 미래를 열자", 『한국일보』(2008. 10. 10).

11. 통일공간은 통일을 사고하고 실천해나가는 과정에서 한반도 너머 넓은 세계를 보아야 함을 강조하기 위해 쓴 말이다. 영토의 수복 혹은 확장을 말하는 것이 아니다. 세계가 긴밀히 연결되어 물리적 경계가 무력화되고, 사이버 공간이 일상화되고 있는 현실은 통일문제에서도 지금까지와는 완전히 다른 공간적 상상력과 실천전략을 요구하고 있다. 한국의 정치경제적, 사회문화적 활동 영역을 확장하면서 통일의 의미와 자원, 방법론을 재구성하고 통일과정을 관리, 운용해나가야 함을 말하는 것이다.

12. 오마에 겐이치 지음, 안진환 옮김(2001), 앞의 책, 377쪽.

13. 하영선·김상배 지음(2006), 『네트워크 지식국가: 21세기 세계정치의 변환』, 을유문화사; 김상배(2018. 9), 「네트워크국가론: 미래 국가모델의 국제정치학적 탐구」, 서울대학교 국제문제연구소 워킹페이퍼 84호.

14. 와다 하루키(2013), 「동북아시아 공동체론과 변경, 그리고 과경민족의 역할」, 동북아역사재단 편, 『동아시아 평화와 초국경 협력』, 동북아역사재단, 127-142쪽에서의 논의 등 참조.

15. 김기봉(2006), 『역사를 통한 동아시아 공동체 만들기』, 푸른역사, 107쪽.

16. 이런 사회심리는 문명적 전환기 기회 포착에 도움이 안되는 것이다. 역사문제의 경우 감정적 자국사 부풀리기(상고사 과장, 신비화 등) 등도 올바른 방향이 아니다.

17. 부찬승(2015), 「북한과 이스라엘의 생존전략: 포위심성(siege mentality)의 적용」,

연세대학교 박사학위논문 참조.

18. 태도와 태도, 태도와 행동이 일관되지 않거나 모순되는 상태를 말한다. 자신의 고려나 의도 없이, 혹은 억지루 남들 뉴에 잘 보이기 위해 분명한 행동을 한 경우 발생하게 되며 초조, 긴장 등 불안의 정서로 나타날 수 있다. 인간의 편견과 고집을 설명하는 데 유용한 이 이론은 인간이 "합리적 존재가 아니라 합리화하는 존재"이며, "스스로의 위선을 정당화하기 위해 대단히 놀라운 정신적인 활동"을 한다고 주장한다.(Leon Festinger) 흑백 논리, 이분법적 사고, 강박적 부담, 투사, 과도한 일반화, 부정적 결과 예상 등이 인지 부조화의 대표적인 양상들인데, 이는 자신의 사고와 행동에 대한 성찰 과정을 통해서만 타파할 수 있다. 로렌 슬레이터 지음, 조중열 옮김(2005), 『스키너의 심리상자: 세상을 뒤바꾼 위대한 심리 실험 10장면』, 에코의서재, 154-157쪽 참조.

19. 이런 역사적 경험에 비추어보면 북한붕괴론은 몰역사적인, 매우 위험한 감정적 수사에 지나지 않는 것이다. 북한붕괴론에 대해서는 Bruce W. Bannett(2013), Preparing for the Possibility of a North Korean Collapse 참조. 한국안보문제연구소에서 『북한의 붕괴와 우리의 대비』로 번역하였다.; 북한붕괴론의 위험성에 대해서는 홍면기(2017), 「통일논의에서 신지정학적 담론의 유용성과 확장의 문제」, 서울대학교-연세대학교 통일대비국가전략연구팀 지음, 『통일의 신지정학』, 박영사, 90-111쪽 참조.

20. 오녀산성은 현재의 요녕성 환인현(桓仁縣)에, 국내성과 환도산성은 길림성 집안현(集安縣)에 위치한다.

21. 조선족은 중국 동북 지역, 특히 연변조선족자치주에 집중 거주하고 있다. 2016년 말 기준으로 심양영사관 관내의 조선족은 21. 165만 910명으로전체 조선족의 약 65%를 차지한다. 기타 대사관(영사관) 관할 기준으로 북경 지역에28만 463명, 청도 지역에 26만 101명, 상해 지역에 14만 4,781명, 광동 지역에 17만 1,601명 정도가 분포하고 있다. 외교부 홈페이지(www.mofa.go.kr) 참조.

22. 관련 논의는 칼 슈미트 지음, 김남시 옮김(2016), 『땅과 바다: 칼 슈미트의 세계사적고찰』, 꾸리에북스; 미야자키 마사카쓰 지음, 오근영 옮김(2016), 『공간의 세계사: 5000년 인류사를 단숨에 파악하는 여섯 번의 공간혁명』, 다산초당 등 참조.

우리는 과거를 연구함으로써

미래의 재난을 피하게 될 것이다.

– 베르나르 베르베르

제2장

조선족 사회의 변화·발전과 역사의 유산

중국 동북 지역이 한국 고대사의 활동무대였지만 우리 선조들이 줄곧 이 지역에서 생활을 영위해온 것은 아니다. 중국 조선족 사회의 기원을 명나라 말기에서 청나라 초기로 길게 보는 견해도 있지만, 19세기 말 이후 가난과 망국을 피해 국경을 넘거나 제국주의 일본에 의해 강제 이주당한 사람 등을 그 뿌리로 보는 것이 일반적이다. 52-53쪽 〈표 2〉와 54쪽 〈표 3〉에서 국경 너머에서 고난의 역사를 헤치며 정착, 성장해온 조선족 사회의 발자취를 간략히 요약하였다.

그러나 중국의 개혁개방, 특히 한·중 수교 이후 연변 조선족 사회는 이전과 전혀 다른 환경을 맞이하게 되었다. 외부와의 소통, 교류가 증가하면서 경제적 활력이 증가했지만 공동체의 안정성이 흔들리게 된 것이다. 이런 변화 속에 과경민족跨境民族이라는 특성이 다시 주목받게 되고, 역사·영토문제가 한·중 양국 간 갈등 요인으로 떠오르고 있다.

2012년 미국 의회조사국CRS은 중국의 역사왜곡이 한반도 통일과정에서 현실적 위협으로 나타날 수 있음을 경고한 바 있다.[1] 그러나 중국만이 문제가 되는 것은 아니다. 부상하는 중국 저지에 골몰하고 있는 미국이나 러시아·일본의 동향도 여전히 주시해야 할 대상이다. 연변 조선족 사회의 역사적 궤적을 복기復棋해 보면서 이 공간에서 이들이 어떻게 갈등, 충돌하고 타협해왔는지를 면밀하게 검토해야 할 것이다. 현재는 역사의 연장이고, 그것은 또한 우리 미래와 직결되어있기 때문이다.

1
조선족 사회의 형성과 발전

두만강과 압록강을 건너 새로운 삶의 터를 찾아나선 조선인들의 삶은 결코 순탄한 것이 아니었다. 모국과 현지국 사이에서 삶은 흔들렸고, 모국의 무능과 혼란은 이들의 고단한 여정에 피로를 더하였다. 조선족은 한때 중화인민공화국의 모범적 공민이라는 영예를 안기도 했지만, 변경 소수민족이라는 존재 조건, 분단과 남북한 간의 갈등이라는 외부환경은 이들에게 끊임없이 '나는 누구인가'라는 정체성에 대한 자문을 안겨왔다.

중국의 개혁개방 이후 연변 조선족 사회는 공동체의 해체라는 위기감과 새로운 기회 사이에서 자신의 역할을 모색하고 있다. 여기서 거칠게나마 조선족 사회가 걸어온 발자취를 되돌아보는 것은, 베르베르Bernard Werber가 말하듯, 과거를 보며 미래의 재난을 피해 갈 수 있을 것이라는 희망을 가지고 있기 때문이다.

〈표 2〉에서 보는 것처럼, 조선족 사회는 중국과 동아시아 정세의 변화 속에서 간고한 삶을 꾸려왔다.[2] 일본 패망 이후 만주 지역에 자리잡고 있던 많은 한인들이 '해방된 조국'으로 귀환하였다.

〈표 2〉 조선족의 이주와 정착사

구분	이주 배경 및 경과	비고(조선족 인구)
강제이민 초기 (1620 – 1677)	• 청에 의한 강제 이민이 이루어진 시기로, 절대 다수는 1619년 청에 투항한 강홍립 부대, 정묘호란과 병자호란 때 청이 납치한 조선인 – 일부는 강제로 청의 팔기군에 편입되거나 농업노예로 전락	
범월잠입 시기 (1677 – 1881)	• 청의 봉금정책과 조선의 쇄국령을 피해 국경을 넘어 잠입, 옥토를 경작하거나 한족에 끼살이 – 1840년 이후 봉금령이 허술해지고, 조선 북부의 자연재해로 빈곤한 농민들이 불법 월경	
이민초간 시기 (1882 – 1910)	• 1875년 청이 동변도 지역에 이미 정착한 한족을 기정 사실로 승인하는 한편, 조선인들의 경작을 묵인하면서 조선 북부에서 동변도 지역으로 조선인 대거 이주 • 1881년 청은 러시아의 진출을 방지하기 위해 연변 지역에 대한 봉금정책을 취소하고 '이민실변'정책으로 전환 – 혼춘에 '초간총국'을 설치(1882년)하고 이주민을 수용, 1885년 연변을 조선인 '전문 개간지역'으로 확정함에 따라 많은 조선인 이주	가장 많은 조선인이 이주, 연변이 조선인 집거지역으로 변모(1894년 두만강 북안에 조선족 5,990세대 정착)
자유이민 시기 (1911 – 1920)	• 일제의 한반도 강점 후 망국노를 거부한 한인과 소위 '환위이민' 정책으로 한반도 농민이 대거 이주	

구분	이주 배경 및 경과	비고(조선족 인구)
이민 제한 시기 (1921 – 1931)	• 1915년 21개조 조약 체결 이후 일제가 조선인들에 대한 치외법권을 주장하면서 통제·이용정책을 실시하던 시기 – 중국은 조선인들의 귀화 입적을 강요하는 등 조선인들에 대한 박해·구축정책 실시 – 1927년에 고조를 이루어 많은 조선인들이 개척지를 떠나 귀국하거나 북만으로 이주	• 조선인 인구 증가 추세 둔화(1931년 동북조선인 인구 63만 982명)
강제 집단 이민 시기 (1931 – 1945)	• 1931년 9·18사변 이후 일제가 만주 지역을 농단하던 기간으로 일제 식민지배와 대륙침략의 정세에 따라 세 시기로 구분 – ① 이민 통제 시기(1931 – 1936): 기존 이주 조선인을 대상으로 통제·안정정책 실시 – ② 집단 이민 시기(1937 – 1941): 동북 지역을 대륙침략의 병참기지로 만들기 위해 대량의 한인을 집단적으로 이주 – ③ 개척 이민 시기(1941 – 1945): 침략전쟁의 수요 충족을 위해 조선인을 북만주·서만주 등지로 강제 이주	• 인구 추계 – 1936년: 854,411명 – 1939년: 1,065,528명 • 1945년 광복 직전: 215만 명 수준

그러나 조국으로 돌아오지 않고 현지에 잔류한 사람들은 남북의 분단과 6·25전쟁, 중국의 정치적 변화 등 역사의 격랑을 고스란히 겪어내지 않을 수 없었다.

무엇보다 분단과 전쟁이 조선족 사회에 미친 영향은 충격적인

〈표 3〉 중국의 정치 변동과 조선족 사회[3]

구분	중국의 정치 변동과 조선족 사회에의 영향	비고
중국 정착기 (해방 – 1946. 6)	• 해방 후 미귀환 조선인들이 신생 중국에 정착한 시기 • 조선인들은 소련의 만주 진출, 공산당과 국민당의 대립, 비적(匪賊) 발호 등 혼란한 정세 속에서 안정적 정착에 노력	80여 만 명 조선인 한반도 귀환
중국 건국 참여기 (– 1949. 10)	• 제2차 대전 종전 후 중국 공산당과 국민당 간의 내전 기간에 조선인 사회는 공산당과 국민당을 지지하는 두 부류로 양분 – 공산당은 토지개혁 등을 통해 조선인을 우군화하면서 국민당에 대한 열세 만회를 위해 노력. 국민당은 조선인에 비우호적 입장 • 북한은 중국을 물심양면으로 지원, 공산당 승리에 결정적 기여 – 조선인들은 중국공산당의 건국 과정에 적극 참여 • 항일투쟁기, 국공내전기의 연대로 북 · 중 간 견고한 우호 관계 형성 – 많은 조선인이 북한으로 들어가고, 북한과 조선인 사회 간 긴밀한 교류가 이루어짐	
중국 공민기 (1949. 10 –)	• 중 · 소 갈등 및 반우파투쟁 · 정풍운동 · 문화대혁명 등 중국 정치가 격동하면서 조선족 사회에도 심대한 영향 – 특히, 문화대혁명기에는 소수민족자치제가 폐지되고, 주덕해(朱德海) 등 조선족 지도자와 지식인들에 대한 대대적 숙청이 이루어지는 한편, 중국을 '하나의 조국'으로 인정할 것을 강요하는 분위기가 고조 – 북 · 중 관계 및 북한과 연변 조선족 사회 간의 관계도 냉각	문혁 후 민족자치제 복구

것이었다. 이로 말미암아 한반도에서는 천만 명의 이산이 야기되었지만, 중국과 일본 등지의 재외동포사회도 격렬한 이데올로기적인 대치 구도 속으로 몰리게 되었다. 6·25전쟁은 이런 비극을 극적으로 보여주는 사건이었다. 다음은 『또 하나의 한국전쟁』을 낸 염인호 교수의 설명이다.[4]

> 많은 조선 청년들이 만주 국공내전에 참전해 단련되었다. 국공내전 이후 4만 명 이상의 청년이 북한으로 이동해 6월 25일 '남진'하는 주력부대의 일원으로 참전했다. 이날 새벽 '남진'을 시작한 북한 인민군 21개 연대 중 10개는 이처럼 만주에서 단련된 조선인 부대였다.

6·25전쟁의 원인과 배경에 대해서는 다양한 논의들이 있지만, 중국 혁명과정에서 실전 경험을 쌓은 이들이 '조국해방'을 빙자한 김일성 남침의 주력이 되었다는 것은 역사적 비극이었다. 전쟁 기간 조선족 사회에서는 참전을 독려하고 무기헌납운동을 전개하는 등 북한을 도와 미국에 대항한다는 이른바 '항미원조抗美援朝'의 분위기가 한껏 고조되었다.

중국은 전쟁 중인 1952년 9월 3일 연길시·연길현·화룡현·혼춘현·안도현 등을 중심으로 연변조선민족자치구를 설치했는데,[5] 당시 자치구 인구 85만 4,000여 명 중 조선족은 53만여 명으로 62%를 차지하고 있었다. 1958년에는 북한 혜산 맞은 편에 장백조선족자치현이 설치되었다. 이 두 곳 이외에도 동북 각지에는 현재

44개 정도의 조선족향이 있다.

피로 맺어진 북·중 관계 속에서 북한과 조선족 사회는 매우 긴밀한 관계를 유지하였다. 인적·물적 교류가 빈번했음은 물론이고, 조선족 사회는 북한의 전후 복구에서도 핵심적인 역할을 수행하였다. 1958년 중국은 김일성의 요청에 따라 각지의 조선족 1만 287호, 5만 2,014명을 보내 북한의 전후 경제 복구에 힘을 보태기도 하였다.[6]

그러나 1950년대 말부터 반우파투쟁, 민족정풍운동, 문화대혁명 등 중국의 정치정세가 요동치면서 조선족 사회도 거센 풍파를 맞이하였다. 1958년 인민공사화 시기에 조선족향이 모두 취소되고 인민공사로 개편되었던 것이 그 예이다. 특히 문화대혁명 10년 동안 소수민족의 권리는 근본적으로 부정되었다. 북·중 관계에도 찬바람이 몰아치면서 조선족 사회에 극렬한 탄압이 가해지고, 2,600명 이상의 조선족 인사들이 반혁명분자로 몰려 희생되었다. 이 격동기에 조선족들은 자신의 근거지와 정체성을 지키기 위한 고단한 투쟁을 벌이지 않으면 안 되었다. 다음 인용문은 북한과 조선족 사회의 특수 관계와 이에 대한 중국의 경계심을 잘 보여준다.[7]

북한의 조선족 동포들에 대한 관심 사례는 무수히 많다. 해방 초기 정권 수립에 필요한 인재를 동북 지역 조선인들 사이에서 충원한 것, 중국에 기근이 들어 조선족 동포들이 기아에 허덕일 때 식량을 지원한 것, 중국에서의 정치투쟁으로 박해를 받던 조선족 동포들이 북한으로 피신했을 때 이들을 포용해서 피신처가 되어준 것등등 … 북한은 어떤 이유로든 북한을 찾은 조선족 동포들을 받아들이며 식량을 주고 일자리를 주는 등 성심성의껏 도움을 줬다. … 조선족 동포들에게는 잊혀지지 않는 기억일 것이다.

문화대혁명 당시 반란파들이 만든 한 자료는 중화인민공화국 수립 이후 1964년까지 연변의 고등교육기관에서 공부한 3,200여 명의 졸업생 중 절반이 넘는 1,640명이 북한으로 넘어갔다고 밝혔다. 이는 적어도 1964년까지 조선족 동포들이 중국 당국의 요구와 달리 북한과 중국 사이에서 줄타기를 하고 있었다는 것을 의미한다.

1980년대 들어 중국이 과거의 민족향을 회복하고 소수민족정책을 재조정하면서 광란은 멈추었지만, 조선족 사회는 여전히 주시의 대상이었다. 조선족이 배후의 북한과 한국을 등지지 않는 한 이는 일종의 숙명과도 같은 것이라고 하겠다.

1990년대 이후 북한은 '고난의 행군'으로 상징되는 심각한 경제난에 봉착하였다. 북한 경제가 붕괴 국면에 빠지고 난 후 북한과 외부의 접촉은 극도로 제한되었다. 이 시기 연변을 중심으로 한 조선족 사회와 북한과의 관계도 소강 국면을 맞이하게 되었지만, 주목할 것은 북한 '고난의 행군' 시기에 연변 지역 조선족 사회가 북한 생존의 버팀목이 되었다는 사실이다. 북한은 이 국가적 위기를 연변 지역의 도움, 연변을 통한 밀무역 등에 의지하면서 버텨냈다.

이런 의미에서 연변이 없었으면 북한이 붕괴하였을 것이라는 주장도 과장이 아니라는 평가도 있다. 많은 조선족들은 기아를 견디지 못해 두만강을 넘은 탈북자들을 조선족 사회가 적극 보호한 것은 자신들이 비슷한 위기에 처했을 때 북한이 베푼 호의에 대한 빚을 갚는다는 마음이라고 술회한다. 북한과 강 하나를 사이에 두고 살고 있는 조선족 사회의 이와 같은 역할이야말로 과경민족으로서 특징을 잘 보여주는 것이다.

2
과경성(跨境性)의 기회와 딜레마

국경선이 인적 · 물적 교류를 통제하는 단순한 경계선의 역할을 하던 시기에 주변부적 성격을 강하게 가지고 있던 중국의 소수 과경민족들은 거대한 변화에 직면하고 있다. 중국의 개혁개방이 본격화되고 전 세계가 하나의 세계로 통합되어가면서 과경민족 또한 역사적 변화에서 자유로울 수 없었던 것이다. 그 중에서도 특히 조선족 사회가 맞이한 위기는 다른 지역과, 이전의 경험과 결을 달리하고 있다. 조선족 사회 내부의 사회경제적인 변동뿐 아니라 한반도 정세의 유동성, 북 · 중 관계 등 국제정세의 변화 등으로 공동체의 기초가 심히 흔들리고 있기 때문이다.

그러나 다른 측면에서 바라본다면, 중국의 경제적 성장과 더불어 외부와의 접촉이 활발해지면서 조선족 사회는 상업적 기회의 증가와 새로운 문화의 수혈 등 변신의 계기를 가질 수 있게 되었다는 점을 주목할 필요가 있다. 연변이 가지고 있는 지정학적 이점을 십분 활용하고, 한반도가 안정을 찾아가는 가운데 남북 협력이 본격화되면 연변은 국제적 물류기지로, 남북과 소통하는 거점으로 거듭날 것으로 기대된다. 위기와 기회가 동시에 찾아온 셈이다.

가. 조선족 사회의 변화: 공동체 해체의 위기

개혁개방 이후 연변이 당면하고 있는 위기는 구조적이며 중층적이다. 이를 몇 가지로 나누어 살펴볼 수 있다. 가장 심각한 것은 인구문제이다. 〈표 4〉는 연변인구보사판공실 자료를 참조해 작성한 연변의 인구 추이다.[8]

이 표를 보면 연변에서 조선족의 인구 비율이 지속적으로 그리고 큰 폭으로 감소하고 있음을 한눈에 알아볼 수 있다. 연변의 인구가 꾸준히 증가하고 있는 것은 비조선족 인구 증가로 인한 것으로, 이는 줄어드는 조선족의 자리를 한족 등 다른 민족이 채워가고 있다는 것을 말하는 것이다. 연변에서 한족 대비 조선족 인구 비율의 감소는 과연 조선족자치주가 계속 유지될 수 있을 것인가 하는 의문이 제기되는 지경에까지 이르게 되었다. 일부에서는 소수민족자치지역에서 소수민족의 인구 비율이 일정 수준 이하로 떨어지면 자치주가 소멸되는 것으로 주장하고 있으나, 이는 성급한 주장이다. 자치주의 존치문제는 법률적이라기보다 정치적인 판단의 문제라고 보기 때문이다. 다만 연변 지역의 조선족 인구가 계속 감소하면 연변조선족자치주에서 조선족 사회의 영향력 약화를 피하기는 어려울 것이다.

재외동포의 이산과 현지화, 모국과의 혈연적 유대 감소는 필연

〈표 4〉 연변 조선족 자치주 인구 추이(1953-2010)와 조선족 비율

구분	조선족	한족	전체	조선족 비율(%)
1953년	557,292	346,427	926,207	60.169
1964년	623,136	643,855	1,294,629	48.132
1982년	754,567	1,074,240	1,871,512	40.318
1990년	822,801	1,187,262	2,079,902	39.559
2000년	801,210	1,341,175	2,209,646	36.304
2010년	736,991	1,465,758	2,270,816	32.454
연평균 증가율(%) (2000-2010)	-8.4	+8.9	+2.7	

적인 것이지만 연변 조선족 사회의 공동체 해체 위기는 매우 엄중한 것이다. 북·중 변경과 한국의 역사적 고지를 중심으로 자리잡고 있는 조선족 사회의 위축이 북방경제 개척이나 통일 자원의 소실로 이어질 수 있다는 점에서 그러하다. 경제적 측면은 물론 안보적 측면에서 북방 국경의 안정적인 관리가 필수적인 상황에서 조선족 사회의 동향과 추이에 각별한 관심과 경각심을 가져야 할 것이다.

조선족 인구의 감소는 정치경제적인 요인, 사회관념의 변화, 역사적 원인 등이 복합적으로 작용한 결과이지만, 가장 직접적이고 큰 영향을 미치고 있는 것은 역시 경제적인 요인이다. 중국의 경제발전과 이동성의 증가(이주 제한 완화)는 연변 등 동북 3성 지역에 모여 살던 조선족들의 관외 유출을 촉발하였다. 수많은 조선족들이 경제적 기회를 찾아 광동·청도·북경 등 대도시로 떠났다.[9]

한국에도 귀화·결혼·노동·취업·유학 등 다양한 형태로 조선족들이 들어와 있다. 통계청에 따르면 2017년 11월 1일 기준으로 국내 거주 외국인은 148만 명(총인구의 2.9%)으로 추계되고 있는데, 이 중 조선족 동포가 50여만 명이라고 한다. 전체 외국인의 34%에 가까운 수치다. 서울 가리봉동·대림동·안산·수원 등에는 조선족들의 집단 거주지가 생성되고 있기도 하다. 이와 같은 현상은 한민족생활권의 확대와 문화적 교류라는 측면에서는 고무적일 수 있지만 연변 조선족 사회의 정체성 약화, 가치관 혼란 등 심각한 후유증을 초래하고 있다. 한국에 들어와 있는 조선족들과 한국사회 역시 아직 원만한 융합 관계를 형성하지 못하고 있다. 국내 조선족 집거구가 일종의 게토ghetto화하여, 범죄의 온상처럼 여겨지기도 하는 등 부작용을 낳고 있다.

연변 조선족 인구의 감소와 유출은 이 지역 인구 구조의 취약성을 더욱 부채질하고 있다. 농촌 지역에서는 과다한 인구 유출로 남녀 간, 노소 간 인구 균형이 깨지게 되었다. 농촌 인구, 특히 결혼 적령기 여성들이 일자리를 찾아 대도시로 나가거나 한국 등으로 이주하면서 젊은 여성이 급감하였다.

한족 등 이민족과의 결혼이 증가하고 있는 것도 조선족 인구의 감소를 가속화하고 있는 요인이다. 조선족과 타 민족의 결혼이 부쩍 늘고 있는 원인은 다음과 같이 정리할 수 있다.[10] 우선 조선족 처녀들이 대도시나 한국, 일본 등지로 빠져나가 연변 지역에서 조선족 남녀 사이의 결혼이 매우 어렵게 되었다는 점을 들 수 있다. 둘째, 자녀의 결혼에 대한 부모들의 태도가 바뀌었다는 점이다. 결혼 당사자의 자기 선택권이 존중되는 세태도 세태려니와 조선족 총각을 둔 부모의 입장에서 마냥 조선족 며느리를 고집할 수 없게 된 것이다. 셋째, 상대적으로 조선족 여성의 자질이 높아졌다는 점도 한 요인으로 작용하고 있다. 이들의 학력이 높아지고 외국과 대도시에서 능력을 발휘하게 되면서 동족보다는 능력 있는 남성을 배우자로 선택하려고 한다는 것이다. 넷째, 학력이 높고 직장이 있는 조선족 총각들이 인맥 관계, 경제적 능력 등에서 한족 처녀와의 결혼을 선호하는 경향이 있다는 점이다. 반대로 조선족 처녀들이 한족 총각을 배우자로 선호하는 것은 경제적 실리를 먼저 고려하기 때문이다.

이와 같은 인구의 감소와 유출은 연변 지역의 조선족 사회에 많은 문제를 야기하고 있다. 청장년층의 핵심 노동력 유출은 연변 지역사회의 공동화空洞化는 물론 인구구조의 급격한 고령화를 초래하고, 조부모가 아이들을 건사하는 '결손가정'을 양산하게 된 것이다. 이런 생활 장場의 급격한 변화는 조선족 사회의 안정성을 해치고 정체성을 지켜나갈 기반을 손상하고 있다는 점에서 심각한 문제이다.

이처럼 공동체 와해에 대한 경각심이 높아지면서 연변 지역사회를 중심으로 조선족끼리의 결혼 중개 등과 같은 노력을 펼치기도 했지만 추세를 역전시키기에는 역부족이었다. 근본적인 대책은 지역경제를 발전시키는 것이다. 공업화나 농촌 경제를 발전시켜 인구 유출을 완화하는 한편, 조선족의 경제적 수준을 높임으로써 출산 의욕을 자극하는 것이다. 중국의 동북 경제개발, 과경적 협력 활성화가 그 계기가 될 수 있다.

나. 과경성(跨境性)의 기회와 딜레마

조선족 사회는 중국 건국 후 북한, 러시아 등 사회주의권 국가들을 통해 외부를 경험해왔다. 그러나 중국의 개혁개방 이후 세계와 본격적으로 접촉하게 되면서 이들은 새로운 환경에 직면하게 되었다. 초국경적인 환경에 급격히 노출된 것이다. 변화는 사회적 이동을 촉진하면서 많은 도전을 안기었지만, 정체된 삶에 새로운 바람을 불어넣기도 하였다. 수많은 사람들이 새로운 부의 기회를 찾아 한국이나 대도시로 진출하였다.

가장 큰 변화 중의 하나는 이들이 '두 개의 모국'을 만나게 되었다는 것이다. 냉전 기간 동안 연변 지역사회는 북한과 교류하면서 모국을 인식하였지만, 한국의 '등장'은 한반도에 또 하나의 뿌리가 있다는 사실을 확인하는 계기가 되었다. 외국과의 접촉이 일상화되어 있지 않던 당시로서는 다른 세계에서 살아온 사람들과의 문화적 접촉이라는 의미를 갖는 것이기도 하였다. 모두 생소하고 강렬한 경험이었다.

한국과의 왕래가 잦아진 후 벌어진 일 중 하나는 조선족 사회에 대한 중국 당국의 경계심이 높아졌다는 점이다. 한·중 수교 후

많은 한국인들이 백두산과 고구려, 발해 유적 등에 발길을 하면서 우리 고대사의 현장을 눈으로 확인하는 감격을 누리기도 하였다. 그러나 이 과정에서 일부 한국인들이 회고적 감상과 민족주의적 정서를 토로하면서 중국은 과경민족으로서 조선족 사회의 동태와 향배에 예민한 경각심을 갖게 되었다.

이런 국면에서 조선족들은 현실 거주국인 중국과 역사적 모국인 '두 개의 한국' 사이에서 정체성의 근원을 다시 생각하게 되었다. 중국은 조선족 사회의 '조국관'을 강조하고 이 지역의 역사를 중국의 역사로 편입시키려는 노력을 강화하는 식으로 대응하였다. 동북공정으로 표출된 중국 당국의 경계는 조선족 사회에 과거 북·중 관계가 원만하지 못할 때처럼 현지국과 그 배후 한반도 국가 사이에서의 딜레마를 안겨주게 되었다.

개혁개방은 정체된 조선족 사회에 질적인 변화를 불러왔다. 대도시는 새로운 기회를 제공했지만, 중국 동북 지방에서 조선족 농촌의 활력과 경제기반은 급속히 무너져갔다.

조선족들이 해외나 대도시로 떠나면서 조선족의 세력은 위축되었고, 일부 조선족촌은 한족 마을로 변해 버렸다. 생존의 터전인 토지가 다른 지역의 주민들에게 양도되는 일이 벌어지게 되었는데, 조선족 집거촌을 보면 문제의 심각성을 알 수 있다. 요녕성 매화구시의 경우 34개 조선족촌에 3만여 명의 조선족들이 거주하고 있었지만, 80% 이상의 촌민들이 해외와 도시로 떠나면서 토지를 타 촌민들에게 양도하였다. 조선족 인구가 줄어들면서 일단 토지 기반을 잃고 난 후 이를 회수하기는 매우 어렵다. 인구와 자본의 힘이 부치게 되었기 때문이다. 일부 뜻있는 조선족 기업가 등이 농촌 기반의 공동체운동을 펼치면서 이런 현상을 타개하기 위해 노력하고 있지만, 이렇다 할 효과를 보지 못하고 있다.

조선족 '집중촌' 건설을 위해 노력하고 있던 한 조선족 기업가는 2017년 필자와의 대화에서 남북 관계가 개선되면 민족자본이 북한 지역에 먼저 진출해 자리를 잡아야 한다는 점을 강조하였다. 그러면서 그는 민화협 등과 협력을 하려고 하고는 있지만 한국 기업과의 연계가 부족할 뿐 아니라 2013년 9월 출범한 조선족기업가협회나 연변기업가협회 등도 친선모임 수준을 넘어서지 못하고 있다는 아쉬움을 토로한 바 있다. 연변의 공동체를 지키면서 조선족 사회가 남북 관계 통로 역할을 할 수 있다는 강한 기대를 가지고 있지만, 현재 단계에서 이를 감당하기에는 여건과 역량이 부족하다는 것이다.

연변에서의 도시화와 농촌사회의 공업화 추세를 되돌리기는 어렵다. 그렇다면 이 같은 과경성의 딜레마를 어떻게 타개해나갈 것인가? 결국 이 같은 딜레마는 중국 현지에서 힘을 키우면서 자신들의 정체성을 지켜가는, 조화하기 어려운 이중적 과제를 해소하는 것에서 그 해법을 찾을 수밖에 없다.

먼저 중국의 발전전략과 국제협력의 계기 등 이 지역에서 조성되고 있는 상업적 기회를 활용하여 조선족 사회의 경제적 기초를 다져 나가는 것이 필수적이다. 연변조선족자치주의 총체적 경제력을 높이는 것이 인구의 유실을 막을 수 있는 첩경이지만, 아직 연변의 민족 경제는 이런 흡인력을 발휘할 만큼 충분한 역량을 가지고 있지 못하다.

수교 후 '신조선족'이라는 신조어가 생길 만큼 많은 한국인들이 중국 대도시에 진출하여 기업을 경영하거나 투자를 하게 되었는데, 이 초기 과정에서 조선족들의 도움은 절대적인 것이었다. 연변 경제도 한국에 진출한 조선족들의 송금으로 활기를 띄게 되었다. 그러나 이런 접촉과정에서 상호 신뢰와 호혜 관계가 원만하게 형성, 정착되지는 못하고 있다. 적지 않은 한국인들이 연변의 발전이 한국인의 도움 덕이라고 생각하면서도 조선족에 대한 차별적 시선을 거두지 않고, 조선족 사회의 기여와 합작의 이익에 대한 평가에 인색한 것은 그 한 단면을 잘 보여주고 있다.

다른 한편, 경제적인 측면에서 연변 지역에 대한 한국 기업의 투자도 활성화되지 못하고 있고, 연변으로 유입된 자본들도 대부분 소비산업 위주로 소진되면서 지역의 산업 고도화에 기여하지 못하고 있는 것으로 나타나고 있다. 더욱이 중국 각지에서 기반을 갖게 된 한국 기업들의 조선족 인력에 대한 선호 감소, 한국 기업과 조선족 기업과의 합작 부진 등으로 민족자본의 축적도 지체되고 있는 것이 현실이다.

이런 현상은 기본적으로 한국과 조선족 사회가 역사 · 언어 · 문화적인 공통성을 가지고 있을 뿐 아니라, 이를 미래를 위한 자산으로 키워나가야 한다는 인식이 부족한 데서 비롯되는 바 크다. 한국과의 경제합작을 통해 호혜 공영과 자주 발전의 '두 발로 걷자'는 동포사회의 주장은 이런 점에서 경청해야 할 대목이다. 이런 희망이 현실화되는 조짐도 많다. 1년 3개월 동안 중국을 권역별로 취재한 한 기자의 관찰이다.

최근 재중동포들의 경제적 위상이 높아지면서 한국기업과의 역전현상이 나타나고 있다. 이런 현상은 '개혁개방 1번지'인 광동성에서 두드러지게 나타난다. IT, 제조업 등 어느 업종이든 동포기업가들을 찾아볼 수 있다. 한국과 연계된 이들은 상대적으로 친한 성향이 강하다. 칭도 등에서는 조선족 기업이 철수하는 한국 기업과 협의하여 연착륙을 시도하는 경우도 있다. … 조선족 동포는 한·중 관계의 자산이고 통일과정과 이후에도 중요한 역할을 할 것으로 보인다. … 한국의 미래와 통일에도 큰 관심을 보이고 있다. 북한에 대한 관심도 크다. 상해 동포 중 일부는 나진 지역의 수산업, 부동산, 은행업에 투자하고 있다. …상해 조선족기업가협회 고문은 미국, 캐나다 심지어 아프리카를 가도 화교가 잘 살고 있는데, 그 비결은 똘똘 뭉쳤기 때문이다. 화교처럼 남북도 중국에 와서 뭉쳐야 서로 잘 살게 된다고 말한다.[11]

많은 조선족 사회가 연변을 떠나고 있는 현실을 우려하는 소리가 높은 가운데, 조선족이 새로운 거점에서 역량을 비축하고 한국인과 네트워크를 구축하면서 또 다른 상생의 지점을 모색해 가고 있는 것은 고무적인 현상이다. 조선족 공동체 해체 위기라는 도전을 기회로 반전시키려면 무엇보다 이들이 가지고 있는 이 같은 특수하고 과도적인 사정에 주목할 필요가 있다. 연변 사회 변화의 의미를 이해하고, 조선족 사회의 과경적 현상과 장점을 충분히 발현시켜 나갈 때 우리는 비로소 한반도 통일과 동아시아 평화를 추동해 갈 수 있는 유력한 동반자를 확보해나갈 수 있을 것이다.

요컨대, 조선족 사회의 과경성 증가는 한국 사회에 조선족 문제에 대해 이전과 질적으로 다른 사고와 정책적 대응을 요구하고 있다는 것이다. 우리 사회에 퍼져있는 중국과 조선족 사회에 대한 자기중심적 기대와 타자화는 아무런 도움이 되지 않는 것이다.

3
역사의 유산

이제 눈길을 다시 연변 지역으로 돌려 한·중 관계 및 한국과 조선족과의 관계 발전에 그림자를 드리우고 있는 역사·영토문제를 살펴보기로 한다.

앞에서 살펴본 것처럼 한·중 수교 이후 중국 조선족 사회는 한·중, 남북한 간 교류를 매개, 촉진하는 데 큰 역할을 해오고 있다. 반면 연변을 중심으로 한 북·중 변경이 탈북자의 경유지가 되고 있고, 수만 명의 북한 노동자들도 진출해 있다고 알려져 있기도 하다. 중국으로서는 이 같은 동향을 민감한 시선으로 주시할 수밖에 없을 것이다. 이들이 한반도 문제에 개입하는 경우, 변경의 안정은 물론 한반도에 대한 중국의 이익과 영향력도 악화될 수밖에 없다고 여기는 것이다.

남북한 경제협력이나 통일과정이 본격화되면 중국은 어떤 형태로든 한반도와 조선족 사회의 유기적 연계에 제한을 가할 개연성이 크며, 북한 또한 이 지역과 주민에 대한 한국의 우세를 허용하지 않기 위한 공세를 강화할 것이다. 이런 특성 때문에 남북한과 중국은 물론 미국, 러시아 등도 이 지역의 동태에 매우 예민한 관심을 가지고 있다. 이 과정에서 뜨거운 쟁점으로 돌출할 수 있는 문제가 남북한과 중국 관계에 잠재해 있는 역사 · 영토문제이다. 한국이 통일에 대한 중국의 협력을 유도하고 분열과 대치를 넘어 동아시아 평화의 주축으로 나아가려면 이 같은 쟁점들에 정교하게 대처해나가지 않으면 안 될 것이다.

먼저 소위 '간도'를 둘러싼 문제이다. 문제를 이해하기 위해 한 · 중 간의 국경 획정에 관한 역사를 간략히 살펴보자. 한국의 북방 국경이 압록강과 두만강으로 확정된 것은 1437년 세종이 6진六鎭이 두면서부터이다. 이후 1674년 현종이 무산진茂山鎭을 설치하여 두만강 내 전 지역을 조선의 영역으로 확보했지만, 백두산 부근의 국경은 명확하지 않은 채 남겨져 있었다. 청은 왕조의 발상지인 만주 일대에 봉금封禁을 실시하는 한편 요소요소에 변문邊門을 만들어 출입자를 통제하였다. 그러나 조선인들이 경계를 넘어 산삼을 채취하거나 도지를 개간하는 일이 잦았다.

이처럼 월경사건越境事件이 잦아지자 조 · 청 양국은 숙종대인 1712년 백두산 동남 기슭에 백두산정계비를 세우고 양측의 국경을 서쪽으로는 압록강, 동쪽으로는 토문강(西爲鴨綠, 東爲土門)으로 하기로 하였다. 그러나 이 '토문'에 대한 해석에서 이견이 계속되자 양측은 1880년대 국경선을 획정하기 위해 두 차례의 회담을 가졌다.

조선은 1차 회담(1885년)에서 토문이 송화강 지류인 현재의 오도백하가 아닌 두만강이라는 청측의 주장을 수용하였다. 그리고 2차

〈그림 5〉 백두산 주변지역 개념도

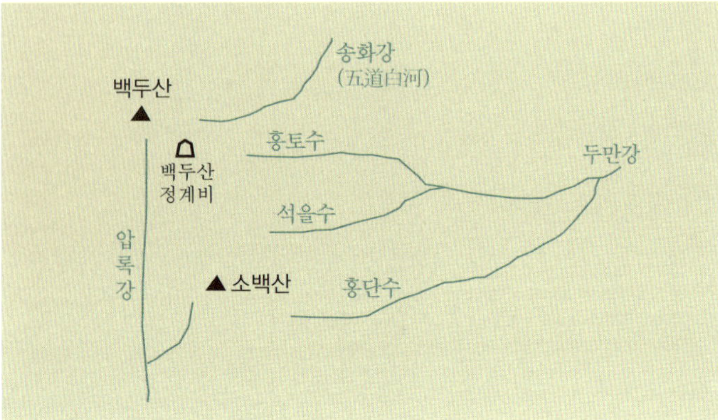

회담(1887년)에서 조선은 두만강의 가장 북쪽 지류인 홍토수紅土水로, 청은 석을수石乙水로 국경을 삼자고 하였다(〈그림 5〉 참조). 하지만 두 차례의 회담은 모두 합의에 이르지 못한 채 결렬되었다.

1877년 청이 봉금정책을 해제하고 산동 지역 한족과 함께 조선인의 이주를 허가하고, 여기에 조선의 북변北邊개발정책, 조선의 자연재해와 삼정의 문란 등으로 인한 요인이 더해져 대량의 조선인들이 강 넘어 땅을 개간하고 촌락을 형성하게 되었다. 간도라는 명칭은 이처럼 1870년대 말에서 1880년대 초 두만강을 건너간 조선인들이 자신들이 개간한 토지를 '간도'라고 부른 데서 유래했다는 것이 통설이다. 청은 간도 지역을 자국의 영토라고 주장하는 한편, 월경 조선인의 토지소유권 등을 빌미로 귀화와 복장과 머리를 청국풍으로 바꿀 것을 강요하였다.

이런 과정에서 간도영유권문제가 발생하였다. 그러나 대한제국이 을사늑약으로 외교권을 일본에 빼앗긴 후 간도문제는 일본과 청의 문제로 변질되었고, 결국 일본은 만주의 철도부설권과 탄광 채굴권 등의 이권을 얻는 대가로 1909년 간도를 청에 넘겨주었다. 이것이 이른바 간도협약으로, 그 요지는 다음과 같다.

첫째, 두만강을 양국의 국경으로 하고, 상류는 정계비를 지점으로 하여 석을수를 국경으로 삼는다. 둘째, 용정촌 · 국자가局子街 · 두도구頭道溝 · 면초구面草溝 등 네 곳에 영사관이나 영사관 분관을 설치한다. 셋째, 청나라는 간도 지방에 한인의 거주를 승인한다.[12] 넷째, 간도 지방에 거주하는 한인은 청나라의 법권(法權) 관할하에 두며, 납세와 행정상 처분도 청국인과 같이 취급한다. 다섯째, 간도 거주 한인의 재산은 청국인과 같이 보호되며, 선정된 장소를 통해 두만강을 출입할 수 있다. 여섯째, 일본은 길회선吉會線(연길에서 회령 구간 철도)의 부설권을 가진다. 일곱째, 가급적 속히 통감부 간도 파출소와 관계 관원을 철수하고 영사관을 설치한다. 이렇게 조 · 청 간의 문제였던 간도영유권문제는 일본과 청국의 타협으로 미봉되어 한 · 중 간의 갈등 요소로 남게 되었다.

우리 정부가 공식적으로 간도문제에 대한 입장을 내놓은 적은 없다. 다만 2004년 국정감사에서 반기문 외교부장관이 "간도협약은 법리적 측면에서 무효"이나, "협약과 간도영유권문제는 분리해서 접근해야 한다"는 입장을 표명한 바 있다. 당시 중국 언론은 이 같은 외교부 입장에 간도가 역사적으로 중국의 영역이었음을 강조하는 등 민감하게 반응하였다.

중국의 동북공정 추진 이후 우리 사회에서 간도영유권, 간도수복론 등을 주장하는 소리가 커진 반면, 중국에서는 한·중 국경선이 압록강-소백산小白山-홍단수紅端水-두만강이라는 주장도 제기되고 있는 것으로 알려져 있다.[13] 간도문제는 여전히 휴화산과 같은 불씨로 남아있는 셈이다.

간도협약은 우리가 외교권을 박탈당한 상황에서 청과 일본이 맺은 정략적인 협약이지만, 그 존재 자체를 부정하기는 힘들다. 이처럼 복잡하게 얽혀있는 문제를 풀어가기 위해서는 역사학, 국제법과 국제정치학적 측면에서의 연구가 더욱 충실하게 이뤄져야 할 것이다. 정부 수립 이후 간도영유권을 입증할 자료가 발굴되지 못하고 있는 데다 간도의 범위에 대해서 통일된 견해를 갖지 못하고 있는 점, 중국이 이 지역을 실효적으로 지배하고 있다는 점, 조·중 변계조약과의 관계를 고려해야 한다는 점 등 많은 문제가 가로 놓여 있기 때문이다.

영토문제가 민감한 쟁점으로 잠재되어 있는 반면, 역사문제를 둘러싼 갈등은 현재적으로 드러나 있는 문제이다. 2002년 중국이 '중국 동북 지방의 역사와 현실에 관한 일련의 연구프로젝트', 즉 동북공정[14]을 시작하면서, 양국 사이에 '역사전쟁'이라고 할 만큼 치열한 논쟁이 벌어지게 된 것이다. 동북공정은 중국 동북 지역과 한반도의 역사적 관련성을 단절시키려는 프로젝트로, 동북 지역의 현실, 미래와 관련된 이론, 정책 등 다양한 주제를 포괄하고 있다.

중국은 현재의 자국 영토 내에 존재했던 역사와 민족은 모두 중국 민족이며 중국의 역사라는 '통일적 다민족국가론'을 내세우고 있다.[15] 베트남 · 중앙아시아 · 몽골 등의 역사를 온전히 인정할 경우 중국의 통일적인 영토와 역사체계를 유지하기 어려운 현실적 난관을 넘기 위해 '역사 만들기'에 나서고 있는 것이다.

중국은 1983년 국가의 통일성을 유지하고 변강지역의 안정과 발전 문제를 체계적으로 연구하기 위해 중국사회과학원에 '중국변강사지연구중심中國邊疆史地研究中心'을 설립하였다. 변강의 역사를 자국사로 확실하게 편입시키기 위한 이론과 정책을 개발하기 위한 것이다. 이 기관은 중국 티베트 · 신강 · 동북 및 몽골 지역 등의 역사와 영토문제, 해양 연구에 중심적인 역할을 수행해오고 있는데, 동북공정을 주도한 것도 이 기관이다. 중국 공산당은 자신의 정치적 수요에 따라 조선족을 이용하면서도 그 배후에 있는 모국과의 연계에 대한 경계심을 늦추지 않아 왔다. 1990년대 이후 조선족 사회와 한국의 교류가 빈번해지고, 북핵문제 등으로 한반도 정세의 유동성이 커지자 북 · 중 변경, 조선족 관련 문제들에 대한 공세적 연구에 나서게 된 것도 이런 경계심을 보여주는 것이다. 동북공정이 북 · 중 관계가 소원해지면서 북한에 대한 중국의 공세적 · 개입적 전략이 유포되던 시기에 제기된 것은 우연이 아니다.[16]

중국의 동북공정이 국내에 본격적으로 알려지면서 우리 사회는 중국에 대한 비난과 성토의 여론으로 들끓었다. 동북공정을 중국의 한국사, 특히 고대사 빼기라고 규정하는가 하면, 중국이 북한을 동북으로 편입시키려 한다는 '동북4성론'도 제기되었다.

이러한 중국의 도발적 연구프로젝트에 대응하기 위해 2004년 3월 고구려연구재단이 설립되었다. 그러나 동북공정 대응기관으로 고구려연구재단을 설립한 것이 적실한 대응책이었는지는 논의의 여지가 있다.[17] 이는 고구려연구재단 설립과정에서도 논란이 된 바 있는데, 동북공정이 단순한 역사연구프로젝트가 아닌 중국 동북 지방과 한반도, 러시아 등 그 외곽지역에 대한 중국의 전략적 관심을 반영하는 것이라는 점에서 설득력을 가졌다. 재단의 설립으로 한국고대사 연구가 활성화되고, 동북공정 대응논리와 관련 연구성과가 축적돼 왔다. 그러나 다른 일면 동북공정에 대한 감정적 대응과 고대사에 대한 회고적 열망이 고조되면서 이 프로젝트가 가지고 있는 현실전략적 맥락에 충분한 주의를 기울이지 못하는 결과를 낳기도 하였다.

이런 분위기에서 동북공정의 정치성, 즉 북한 · 통일문제가 어떤 관련이 있는지에 대한 체계적인 분석과 대안이 심도 있게 논의될 수 없었다. 동북공정이 '조선반도 현상 연구', '조선반도와 동북아 안전', '동북변강 다민족 교류와 융합', '연변 지역 중 · 조, 중 · 한 국제결혼 문제 연구' 등을 연구 항목으로 설정한 것은 한반도 문제와 중국 조선족 사회에 대한 위와 같은 중국 당국의 다양한 관심을 반영하는 것이다. 이런 사정을 감안한다면 동북공정은 남북 관계 및 통일문제와 분리하기 어려운 맥락을 가지고 있는 것이다.

동북공정은 아직도 진행형이다. 중국이 이 프로젝트의 결과물을 출판하는 한편, '만들어진 역사'를 끊임없이 침투시키고 있고 후

〈그림 6〉 육정산 금정대불

속 연구를 추진하고 있기 때문이다. 중국 동북 지역에 산재한 한국 고대사 관련 유적을 중국식으로 둔갑시키거나 만주족과의 연고를 강화하기 위한 대규모 투자도 이어지고 있다.

연변조선족자치주 내의 돈화敦化에 있는 육정산의 경우를 보자. 이 지역은 대조영이 발해를 건국한 동모산이 있는 곳으로, 1963년부터 3년간 북·중 공동조사를 통해 정혜공주묘 등 발해 고분군이 확인된 곳이다. 그러나 중국은 육정산 일대에 청나라 황제의 대형 부조물을 안치한 청조사清祖祠와 금정대불金鼎大佛을 조성하는 등 이 곳이 발해의 발상지라는 기억을 희석시키기 위해 노력하고 있다. 발해의 역사가 중국 동북 지역 소수민족의 역사라는 정치화된 역사논리를 집요하게 전파하고 있는 것이다.

한편, 중국은 소위 '장백산문화론'을 내세우며 백두산 일대의 역사와 문화가 중화민족의 것이라고 주장하고 있다. 중국은 1998년 국무원 비준을 거쳐 이전부터 통용되던 백두산 천지를 장백산 천지로 이름을 바꾼 후 각지에 장백산연구회를 조직하는 등 백두산을 중국의 것으로 만들기 위한 작업을 진행하고 있다. 2005년에는 장백산보호개발관리위원회(2006년 장백산보호개발구관리위원회로 승격)를 설치하여 연변조선족자치주 정부가 행사하던 백두산 관할권을 길림성 정부로 이관하고, 2008년 '장백산공항'을 준공하는 등 인프라를 개발하고 관광객 유치에 적극 나서면서 백두산에 대한 관할권 강화에 박차를 가하고 있다. 이런 일련의 조치를 실시하는 이유는 한민족과 백두산의 역사문화적 연고와 동북 지방에 대한 한국의 영향력을 차단하기 위해서이다. 2008년 중국은 백두산 지구를 세계자연유산으로 단독 등재하려고 한 바 있는데, 이런 일련의 사태가 계속되면 세계에 백두산을 중국의 것으로 각인시킬 위험이 있다.

이런 의미에서 지난 9월 20일 남북 정상이 함께 백두산 천지에 오른 것은 매우 큰 의의가 있다. 두 정상 간의 대화 중에 오간 백두산관광사업이 구체화되고 백두산의 역사문화 공동연구가 실현되면 백두산에 대한 중국의 일방적 조치들에 대한 유효한 대응책을 마련할 수 있을 것으로 기대된다.

강조해둘 것은 동북공정이 역사적 사실에 대한 다툼이기도 하지만 역사관의 경쟁이라는 점이다. 각국은 만주가 동아시아의 지정학적 핵심지heartland라는 전략적 중요성에 주목하여 이곳에서 자국의 이익을 관철하기 위한 역사관을 만들어왔다. 일본이 만선사관滿鮮史觀을 내세우며 한반도에 이어 만주 침략을 정당화한 것이나, 20세기 초 이후 중국이 변강의 위기를 수습하기 위해 만주 지역의 역사를 중국사의 범주에서 체계적으로 해석하기 위한 노력을 경주한 것이 그 예이다. 국가전략을 뒷받침하기 위한 역사인문학적 연구가 이루어진 것이다. 1990년대 말 등장한 미국 학계의 '신청사New Qing History' 나 현재의 동북공정에도 이런 문제의식이 녹아 있다.

우리 입장에서도 한반도의 역사 전개와 만주의 역사적 지위 등에 관한 심도 있는 이론 개발은 매우 중요하다. 만주 지역에 대한 우리의 역사적 경험과 지정학적 조건 등을 설명할 수 있는 독자적인 설명 방식이 수립되어야 동북공정은 물론 통일시대 연변 조선족 사회를 어떻게 보고, 어떻게 대응해나갈 것인가 하는 데 지침과 상상력을 가질 수 있기 때문이다. 동북공정에 대한 우리의 대응 역시 개개의 사실에 대한 해명, 반박만으로는 한계가 있다. 그동안 축적된 학계의 연구성과를 바탕으로 이론과 정책 연구를 결합하여 새로운 시야를 열어가야 한다.

미주

1. The Congressional Research Service(2012. 12. 11), *China's Impact on Korean Peninsula Unification and Questions for the Senate.*
2. 1945년을 기준으로 재외한인(디아스포라)를 신구 두 유형으로 나눌 수 있다. 전자는 주로 1960년 이후 가족이민, 투자이민 형태로 미국·독일·캐나다·브라질 등지로 나간 사람들이고, 후자는 19세기 말에서 1945년까지 러시아·중국·일본·미국 등지로 나간 농업이민·노동이민·망명이민자들이다. 정성호(2008), 「코리안 디아스포라: 공동체에서 네트워크로」, 『한국인구학』 31(3), 한국인구학회, 110쪽.
3. 곽승지(2013), 『조선족, 그들은 누구인가』, 인간사랑, 17, 30, 74쪽 등을 참조하여 작성.
4. 염인호(2011), 『또 하나의 한국전쟁: 만주 조선인의 조국과 전쟁』, 역사비평사.

5. '연변조선민족자치구'는 1954년 '연변조선족자치주'로 개칭되었다. 조선 민족, 즉 조선인이 조선족으로 바뀐 것은 조선인들을 중국 공민을 구성하는 소수민족의 일원으로 자리매김한다는 의미를 갖는다.
6. 손춘일(2015), 「한국전쟁 발발 후 탈북조선인들에 대한 중국정부의 정책」, 『국가전략』 제21권 3호, 세종연구소, 185-186쪽.
7. 곽승지(2013), 앞의 책, 269, 274-275쪽.
8. 중국은 정부 수립 후 여섯 차례의 인구센서스를 실시하였다. 중국 당국이 조사 결과의 공개를 제한하고 일부 내용을 의도적으로 누락시키고 있다는 정황이 있는 것으로 알려져 통계의 신뢰도를 완전히 확보하기는 어렵다. 〈표 4〉는 김두섭이 인용한 연변인구보사판공실(延邊人口普査辦公室) 자료를 필자가 재작성한 것이다. 김두섭·유정균, 「연변 조선족 인구의 최근 변화: 1990년, 2000년 및 2010년 중국 인구센서스 자료의 분석」, 『중소연구』 36권 제4호, 2012/2013년 겨울, 121-149쪽 참조.
9. 이에 더해 조선족들이 그 근거지를 떠나는 것은 정주 역사가 비교적 짧아 땅에 대한 미련이 크지 않고, 새로운 흐름에 기민하게 적응하려는 동기도 크게 작용하고 있다. 길림신문사(2010), 『조선족 사회, 지금 시급한 문제는?』, 민족출판사, 50쪽.
10. 길림신문사, 위의 책, 75-76, 98쪽 참조.
11. 김기수(2015), 『시진핑 리더십과 차이나 골든타임』, 석탑출판, 127-130쪽 참조.

12. 간도협약으로 한인의 토지소유권이 인정되자 간도 이주가 급속히 증가하였다. 또한 1910년 이후 정치적 이유로 망명하는 사람도 늘어서 1909년 간도의 한인 수는 약 9만 8,000명이었으나, 1921년에는 약 30만 7,000명으로 크게 증가하였다.

13. 1962년 10월 중국과 북한 간의 조·중 변계조약에서는 간도문제가 제기되지 않았고, 압록강–백두산(홍토수)–두만강으로 국경을 획정하였다.

14. 정식 명칭은 '동북변강역사여현상계열연구공정(東北邊疆歷史與現狀系列硏究工程)'이다. 2002년부터 중국사회과학원 변강사지연구중심(邊疆史地硏究中心)을 주축으로 중국 동북 3성의 학교, 연구기관 등이 참여하여 120여 개 주제에 대한 연구를 진행하였다. 사업은 2007년 기본적으로 종료되었다.

15. 이를 근거로 중국은 변경과 소수민족지역에 대한 구심적 통제력을 확보하기 위해 일련의 역사 프로젝트를 추진하는데, 여기에 그들의 현실과 미래에 대한 관점이 투영되고 있다.

16. 동북공정 핵심 인물의 하나인 손진기(孫進己)는 2007년 7월 동북아시아 변강사연구 국제학술대회에서 20세기 후반 북·중 간 공동 이익에 대한 이해가 옅어지면서 쌍방의 역사 해석에 대한 차이가 벌어지게 되었다고 시인하였다.

17. 고구려연구재단은 독도와 일본 교과서 문제 등에 주력하던 '동북아 평화를 위한 바른역사 정립기획단(바른역사기획단)'과 통합하여 2006년 9월 동북아역사재단으로 재출범하였다.

역사는 이론이고, 이론은 이데올로기적이며,
이데올로기는 물질적 이해일 뿐이다.

– 케이스 젠킨스

제3장

초국경 공간에서의 경쟁과 협력

중국은 한족과 55개 소수민족으로 구성된 다민족 국가이다. 중국의 소수민족은 주로 국경지역에 분포하고 있는데, 이 때문에 주변지대의 영토와 소수민족을 어떻게 통합할 것인가가 중국 정부의 중요 과제가 되어왔다. 중국의 역사해석, 소수민족정책 등은 이와 같은 복잡한 지정학적·인구학적 특성을 반영하고 있다. 경제개발이나 한족 이주, 통치이데올로기의 침투 등으로 변강과 소수민족에 대한 지배를 공고히 해나가려는 '재영역화再領域化' 정책이 간단없이 추진된 것이다.

그러나 다른 한편에서는 중국 변경지대에서 국제협력을 촉진하기 위한 또 하나의 흐름이 형성되어왔다. 두만강 지역을 중심으로 한 광역두만강개발계획GTI 등이 그 예이다. 이런 과정에서 중국 국경지대의 소수민족과 외부의 연계성이 높아지게 되고, 국경지대의 탈경계화 추세도 증가하고 있다.

중국은 북·중·러가 국경을 접하고 있는 연변 지역을 통해 동해로의 출해권出海權 확보를 위해 부심해왔다. 중국의 동해 진출은 러시아가 부동항을 찾아 남하를 모색했던 것처럼 중대한 군사 전략적 의미를 갖는다. 이와 같은 중국의 숙망은 역설적으로 이 지역에서의 국제협력과 변경의 탈경계화를 촉진하는 요인이 되고 있다.

결국 연변 조선족 사회의 미래는 중국의 재영역화와 연변 지역 탈경계 간의 길항관계, 한·중 간 역사·영토문제의 향방, 그리고 이곳에 근거하여 살고 있는 사람들의 정체성에 의해 규정받을 것이다.

1
중국의 변강 '재영역화' 정책

중국은 2003년경부터 동북 지방의 낙후된 경제를 다시 일으키고 북·중·러 국경지대를 개발하기 위한 대규모 프로젝트를 국가전략 차원에서 추진하고 있다. 건국 초기 중국의 동북 지역은 중국 중화학공업의 요람이라고 할 정도로 중국 경제를 지탱하는 버팀목이 되었던 곳이다. 하지만 개혁개방 이후 중국이 연해지구의 발전에 관심을 집중하고, 동북경제의 근간을 이루는 국유기업의 경제적 비효율성이 증가하면서 다른 지역에 비해 발전에 뒤쳐진 낙후지역으로 전락하였다. 이른바 '동북현상'이다.

2003년 출범한 후진타오胡錦濤 정부는 이 지역을 중국 경제의 성장거점으로 삼고, 나아가 초국경 협력의 주도권 확보를 위해 동북 3성의 경제 진흥을 천명하였다. 이와 같은 정책 의지를 담아 중국 정부는 2007년 '동북진흥계획'의 청사진을 마련하였다. 이어서 2009년 9월 중국 국무원은 길림성의 장길도長吉圖 개발계획을 국가전략으로 정식 비준하고, 북한과 러시아 등 인근 국가와 초국경 협력을 추진하기 위한 조치를 속속 구체화하였다.[1]

〈그림 7〉 장길도 선도구 개발사업

장길도 계획은 중국 중앙정부에서 처음으로 비준한 국가급 변경프로젝트로, 대상지역 중 연변은 그 핵심적 위치를 점하고 있다. 즉 장길도 선도구 개발사업, 연용도延龍圖 일체화 계획, 장백산 보호개발구 관리위원회 설치로 이어지는 일련의 '경제적' 조치들이 연변조선족자치주를 중심으로 전개되고 있다는 것이다.

여기서 우리는 중국이 후진타오 정부 출범과 비슷한 시기인 2002년에 동북공정을 시작했다는 점을 주목해볼 필요가 있다. 동북진흥과 동북공정이 중국이 낙후한 동북 지방의 경제발전을 추진하는 한편, 이 지역의 역사를 중국사로 편입함으로써 정치적 통합을 강화하려는 이중의 포석을 보여주는 것이기 때문이다.

중국 정부는 역사와 정치를 분리하자고 하면서도 실제로는 정치경제 전략과 역사문화 전략을 배합하면서 동북 지역의 재영역화를 강력히 추진하고 있는 것이다. 중국이 소수민족의 소요가 그치지 않는 신강위구르 지역이나 티베트에서 역사문화 연구프로젝트와 변강 개발을 병행하는 것도 같은 맥락에서 이해할 수 있다.

시진핑習近平 정부도 동북 지역에 대한 전략적 관심을 놓지 않고 있다. 시진핑은 2015년 연변 조선족 가정을 방문하고, 심양군구 소속 제16집단군(일명 '장백산호랑이부대')을 시찰한 바 있다. 이어서 지난 9월에는 길림성 등 동북 3성을 다녀갔는데, 여기서 그는 동북 지방이 중국의 농업 · 공업기지이며, 국방 · 식량안보 및 에너지 · 생태 · 산업안전을 지키는 중요한 전략적 지위를 가지고 있다고 지적하면서, 동북진흥계획을 국가전략의 든든한 버팀목으로 발전시켜 나가야 한다고 강조하였다. 연변과 동북 변경지역에 대한 중국 수뇌부의 지속적 관심을 보여주는 장면들이다.

시진핑 정부는 2013년부터 육지와 바다를 통해 중국 중심의 교역망을 구성하겠다는 일대일로一帶一路, One Belt One Road라는 야심찬 기획을 대대적으로 추진하고 있다. 역사상 육상과 해상의 실크로드를 통해 세계를 누볐던 '위대한 중화민족의 역사'를 재현하겠다는 것이다. 급격히 몸집을 키운 중국은 그동안 남중국해, 인도양에서 아프리카와 남미에 이르는 전 세계적인 범위에서 집요하게 영향력 확대를 추구해왔다. 이런 중국의 기도는 미국으로 하여금 중국이 자국의 패권적 지위에 도전하고 있다는 인식을 주기에 충분한 것이었다. 미국이 중국과의 '무역전쟁'을 시작하고, 중국과의 '신냉전new cold war'도 불사하겠다는 의지를 공공연하게 얘기하고 있는 배경이다.[2]

중국은 일대일로에 더해 중국 동북 지역을 경유해 북극해로 나가려는 일도一道 구상도 내놓고 있다.[3] 중국이 동해와 북극해로 나갈 수 있는 요지인 연변과 두만강 하구를 일대일로와 접속하는 접략적 구도를 구체화하고 있는 것이다.

다른 측면에서 중국은 이와 같은 현실공간에서의 국가전략을 뒷받침하기 위한 이론 개발도 활발히 추진하고 있다. 특히, 중국의 관변 싱크탱크나 전문가들이 새로운 변강이론을 개발하면서 다학문적인 '변강학邊疆學'의 수립과 체계화에 힘쓰고 있다는 점은 많은 시사를 주고 있다. 변방 소수민족과 그 외부에 대한 적극적이고 공세적인 정책의 근거를 만들어가고 있다는 점에서 그렇다. 중국이 이처럼 국가전략 차원에서 동북 개발과 이 지역 역사문화의 중국화 등을 긴밀히 연동시키면서 동북 변강에 대한 재영역화를 추진해나가고 있는데, 이는 싫든 좋든 연변조선족자치주의 변화를 동반하게 될 것이다. 관련 문제에 대한 전문가와 기반 연구가 턱없이 부족한 상황에서 단순한 애국심만으로 이와 같은 도전적 변화에 대처할 수 있을 것인가.

2
연변의 탈경계, 탈경계의 연변

앞에서 본 것처럼 중국이 동북 지역의 재영역화 노력을 강화하고 있는 가운데 연변과 그 외곽을 중심으로 한 국제협력 분위기도 성숙되어왔다. 중국과 국경을 접하고 있는 북한과 러시아는 물론 역내 국가인 몽골, 일본 등도 이 지역의 협력에 깊은 관심을 가지고 있다. 그동안 지역협력의 가장 큰 장애로 여겨졌던 북한이 정치 경제적 안정을 확보하고 국제협력의 분위기가 살아나면 이 지역은 동북아 국제협력의 거대한 공간으로 탈바꿈할 가능성이 크다. 각국의 참여 의지가 크고 자원 · 기술 · 노동력 등의 상호 보완성도 충분히 확보하고 있기 때문이다.

먼저 중국이 이 지역에서의 국제협력에 적극적인 입장을 취하고 있다는 점을 확인해두고 가도록 한다. 중국은 러시아나 몽골 등과의 제휴에 힘쓰는 한편 바다로 나가기 위한 출구 확보를 위해 북한을 통해 동해로 진출하려는 노력을 계속해왔다. 이렇게 보면 연변의 두만강 하구 지역은 중국과 신동방정책을 추진하고 있는 러시아, 바다로 나가는 물류망 확보에 관심이 많은 몽골의 이익이 만

〈그림 8〉 한반도 신경제지도 구상

나는 공간이 됨을 쉽게 알 수 있다.

문재인 정부가 추진하고 있는 한반도신경제지도 구상의 핵심적 기축基軸인 북방경제협력도 중국의 동북진흥 내지 북·중·러 변경의 협력과 접점을 가지고 있다. 〈그림 7〉의 장길도 선도구 개발사업의 공간과 문재인 정부의 한반도신경제지도의 기본구도를 보여주고 있는 〈그림 8〉을 겹쳐 보면 이는 더욱 명확해진다.

국제사회도 일찍이 두만강 유역에서의 국제협력 가능성에 주목하여 왔다. 1992년 유엔개발계획UNDP이 제안한 '두만강개발계획TRADP, Tumen River Area Development Program'이 그것이다. 그러나 주요 당사자 중의 하나인 북한의 소극적인 자세로 이 사업은 사실상 무산되었다. 2005년 범위를 확장하여 광역두만강개발계획GTI, Greater Tumen Initiative을 다시 추진하고 있으나 전도가 밝은 것만은 아니다. 북한이 2009년 2차 핵실험 후 GTI에서 탈퇴하는 등 소극적인 입장을 견지하고 있기 때문이다. 복귀설이 있기는 하지만 아직까지는 희망사항으로 남아있다.

한편, 북한도 1991년 나진 · 선봉지대를 북한 최초의 경제특구라고 할 수 있는 자유무역지대로 지정하는 등 이 지역의 발전에 대한 자신들의 구상을 발표한 바 있다. 2010년에는 나선시를 특별시로 승격시키면서 개발 의지를 적극화하기도 하였지만 완전한 개방과 국제화까지는 아직 갈 길이 먼 것으로 보인다. 한반도 정세의 불안정, 남북 관계의 긴장, 그리고 북한의 개방에 대한 저항감과 북한식 경제운용방식의 한계 등이 걸림돌이 되고 있다.

한국이 북방에서 미래를 모색하고자 하는 시도는 오랜 연원을 가지고 있다. 우선 1980년대 말 삼강평원三江平原 개발에 나섰던 대륙종합개발 장덕진 이사장의 선구적 노력이 있다. 삼강평원은 백두산 천지에서 발원한 송화강, 소흥안령 산맥에서 흘러온 흑룡강, 블라디보스토크에서 하바롭스크까지 연해주 지방을 관통하는 우수리강이 합쳐지는 지역의 대평원으로, 북쪽의 대황무지라는 뜻의 '북대황北大荒'이라는 별칭을 가지고 있다.

대륙종합개발은 중국의 값싼 노동력과 만주벌판의 비옥한 토지를 이용해 해외식량기지를 일구려는 꿈을 실현하기 위해 1989년 삼강평원 일대 3,8000*ha*의 광활한 토지를 파격적인 조건으로 40년

간 임대, 경작하였다. 이 사업은 자금난, 노동력 조달 및 생산물 가공 등의 애로로 계속하지 못했지만, 미래를 위한 '실패연구'의 가치를 충분히 가지고 있는 사례가 되고 있다.[4]

최근 주목할 구상으로 김석철 교수가 제안한 두만강 유역 다국적 도시안이 있다. 그의 구상을 직접 들어보자.[5]

두만강 일대는 한반도에서 가장 중요한 요지다. 김종서 장군이 세종대왕에게 '두만강을 잃으면 바다를 잃지만 두만강을 차지하면 중국을 봉쇄할 수 있다'고 했던 곳이다. 지금 두만강은 만주철도와 중국횡단철도 · 시베리아철도가 서로 만나는 곳이다. 또 자원 매장량이 세계 최대인 중앙아시아 국가들이 세계로 진출하려면 이곳을 통해야 한다. 일본 역시 두만강을 뚫으면 모스크바까지 바로 갈 수 있다.

두만강과 굴포 사이에 베네치아만한 늪지대가 있다. 혼춘부터 이곳까지 수로가 뚫려 있다. 중국 · 일본 · 러시아와 남북한이 공동으로 투자를 추진 중인 시베리아 가스관도 통과할 수 있는 지점이다. 여기에 인구 300만 명의 에너지도시를 세우고, 문화교육도시로 발전시키는 것이다. 우리 대통령이 중국과 러시아를 설득하면 바로 이뤄질 수 있다.

이 파격적 계획에 대해 당시 중국과 러시아도 환영한다는 입장을 내놓은 바 있다. 특히, 2009년 '두만강지역협력개발계획 요강'을 제정하여 이곳을 국제물류기지로 발전시켜 나간다는 계획을 발표한 바 있는 중국은 제2, 제3의 개성공단도 가능하다는 기대를 표명하기도 하였다.[6]

김석철 교수의 구상이 실천된다면 두만강 하구는 대륙과 타이완을 연계했던 홍콩처럼 동북아의 경제거점으로 변모하게 될 것이다. 그만큼 이 지역은 북한과 동북 3성, 러시아 극동의 발전을 견인할 자본 · 기술 · 자원이 밀집된, 잠재력을 가지고 있는 공간이다. 한국의 입장에서는 대륙으로, 북한으로 가는 쐐기wedge 공간으로서의 의미를 갖는다. 역내 경제협력과 평화질서를 주도해나갈 수 있는 '플랫폼'이기도 하고, 공동체의 해체 위기에 몰린 조선족을 다시 이 지역으로 유인할 수 있는 방책이 될 수도 있다.

아쉬운 것은 이와 같은 논의 과정에서 중국 동북 지역, 특히 연변 지역의 역사문화적 배경과 조선족의 존재가 사려 깊게 고려되지 못하고 있다는 것이다. 한반도신경제지도의 경우 북쪽으로 나아가는 두 개의 화살표는 각각 신의주, 단동과 연변 지역을 관통하고 있다.

신경제지도가 이런 접속점을 어떻게 보고 있는지, 국경 너머의 공간을 어떻게 인식하고 있는지는 아직 구체적으로 제시되고 않고 있다. 다만, 한반도와 대륙을 연계하려는 정부 구상을 성공적으로 추진해나가기 위해서 이 지역에 대한 공간적 상상력에 더해 역사적 · 인문학적 고려가 필수적이라는 사실을 잊지 말아야 할 것이다.

〈그림 9〉 중국 동북 지방에서 중국의 정책과 국제협력(개념도)

	중국		국제사회
기본 방향	재영역화(대외개방)		국제협력 공간화
주요 정책	동북진흥계획 (장길도, 연용도 일체화 등)		UN(GTI)
			러시아(신동방정책)
	역사문화정책 (동북공정 등을 통한 한반도와 조선족 사회의 연대 약화 등)	경쟁 협력	몽골(중 · 몽 · 러 경제회랑계획)
			북한(나진 · 선봉개발구)
		(역사 영토 문제)	일본(환동해경제권 형성)
	(일대일로)		한국(신경제지도, 신북방경제정책)

경제주의적 사고만으로 중국의 재영역화나 관련국 정책의 역사적 맥락을 이해하기 어렵고, 각론적 대응에 급급하면 복잡하게 얽힌 전략적 구조를 파악하기 어렵다. 〈그림 9〉는 위의 논의를 단순화하여 개념적으로 정리한 것이다.

3 경쟁과 협력 사이의 문제들

〈그림 9〉는 연변과 두만강 하구를 중심으로 중국과 주변국들이 협력을 통한 공동이익을 추구하고 있지만, 다른 한편에서는 현실공간을 지배하고 있는 중국의 재영역화가 세차게 진행되고 있음을 보여주고 있다. 연변 지역을 놓고 중국의 구심력과 국제사회의 원심력이 힘겨루기를 하고 있는 양상이다. 그러나 국제협력이 탄력을 받지 못하고, 현재처럼 중국의 일방적 개발과 투자가 가속화되면 힘의 균형은 중국 쪽으로 한층 기울게 될 것이다. 연변과 한반도와의 연대가 지속적으로 잠식되면서 조선족 사회의 정체성 유지가 더욱 어렵게 될 것임은 두말할 나위가 없다.

우리가 연변 지역을 중심으로 전개되고 있는 중국의 개발드라이브와 국제사회의 협력에 주도적으로 참여하면서 통일의 추동력을 확보하려면 이런 변화의 방향과 속도를 민감하게 가늠하면서 중국의 일방성을 완충, 제어하는 동시에 협력의 기회를 만들어 나가야 한다. 그리고 이런 여건을 만들어 나가려면 한·중 간에 얽혀 있는 난제를 지혜롭게 다루어 나가야 한다.

역사와 영토(간도) 문제는 매우 민감하고도 파괴력이 큰 사안임은 앞 장에서 살펴본 대로이다. 우리가 이를 어떻게 풀어가느냐에 따라 한반도 평화와 통일에 대한 중국의 입장도 크게 영향을 받을 것이다.

가. 역사와 영토 문제

중국의 역사왜곡에 대한 우리 사회의 대응은 기본적으로 만주 지역에서 전개되었던 한민족의 역사가 우리 역사의 일부분이라는 사실에 입각해 있다. 중국의 동북공정이 우리 역사에 대한 침탈임은 틀림없지만, 동북공정을 감정적 시각에서 역사문제로만 보고 대응하는 방식은 앞에서 언급한 대로 문제가 있다. 안병직 교수도 비슷한 맥락에서 중화주의적 사관에 맞서는 우리의 자동화된 집단 기억에 일침을 놓고 있다.[7]

고구려에 대한 근래 한국사회의 기억은 오랫동안 잠복하고 있던 기억의 '각성' 혹은 기억의 '귀환'이라고 할만하다. 하지만 기억은 과거를 단순하게 복원하는 것이 아니며, 기억의 과정에는 현실적 상황과 욕망이 개입한다. 고구려를 동북아의 강자로 기억하려는 배경에는 분단을 극복하고 대륙으로 진출하려는 열망이 작용한다. 소위 동북아의 중심, 동북아 균형자라는 모토를 내걸고 동아시아 국제질서 내 한반도의 위상을 재정립하려는 의도는 그런 맥락에서 결코 우연이 아니다. 동북공정을 고구려사의 귀속문제로 접근하는 것은 문제의 본질을 간과하는 것이다.

문제를 여러 시각에서 검토하고 좀 더 객관화할 때 역사·영토 문제에 대한 대안적 방법을 생각해볼 수 있다. 문제의 여러 수준과 다양한 요소를 고려해야 한다는 것이다. 송기호 교수는 학문적 기반이 취약한 국수주의적 주장을 제외하고, 동북공정과 관련하여 제기되고 있는 한국 사회의 역사인식을 검토하고 있다.

〈표 5〉는 우리 학계의 주류적 입장과 다른 주장들을 정리한 것이다.[8] 이런 견해와는 또 달리 기존의 역사학을 '식민사학'이라고 비판하면서 만주가 한국고대사의 배타적·독점적 역사공간이었다고 주장하는 사람들도 있다.[9] 하지만 한·중 간의 역사문제를 국가주의적·민족주의적 시각에서 사실관계를 아전인수하거나 앞으로 벌어질 수 있는 상황을 자기 희망적으로 해석하는 것은 바람직하지 않다. 그동안 한국의 역사학계가 쌓아온 연구성과를 송두리째 부정하면서 한국사의 위대함만을 외치는 것이 능사는 아니라는 것이다. 욕망의 기억은 역사비전으로 대체돼야 하고, 비현실적인 고토회복주의는 냉정한 현실인식으로 그 실효성을 점검하지 않으면 안 된다. 정신승리법은 답이 될 수 없는 것이다.

영토(간도)문제는 정교하고 치밀하게 대비해나가야 할 또 하나의 과제이다. 변경과 소수민족 동태가 중국의 핵심적 국가이익이 되고 있는 현실에서 한국의 민족주의적인 열망이 국경과 영토의

〈표 5〉 동북공정에 대한 대안적 논의 유형

구분	주장자	주요 내용과 한계	비 고
탈민족주의론	임지현, 김기봉	• 동아시아 각국이 자민족 중심주의적 역사관을 넘어 일국사적인 틀을 벗어나야 한다는 국사 해체론적 입장 → 중화민족주의, 일본의 우경화가 가속되는 상황에서 우리만 민족주의 옷을 벗는다고 문제가 해결될지는 의문	
제3의 역사론	김한규	• 만주 지역의 역사를 중국사도, 한국사도 아닌 요동이라는 제3의 역사공간으로 설정 → 『삼국사기』 등 전통적인 한국사 체계를 와해시키고 있다는 점, 요동의 개념이 불명확하다는 점 등의 한계	임지현의 변경역사론도 비슷한 맥락
역사공유론	조성을, 정두희 등	• 역사의 전유는 폭력적인 것이며, 이 점에서 고구려사는 한국사일 수도 있고, 중국사일 수도 있음(조성을) → 만주의 역사가 전적으로 한국사에 귀속된다고 보기 어렵고, 중국의 영역인 만주를 중국사로 취급하는 것은 당연(정두희) → 동아시아 민족, 국가 형성과정을 무시하거나 중국의 패권주의적 역사관과 차이가 없는 단순논리	중국의 일사양용론(一史兩用論)의 시각
기타 (발해사의 한국사 제외론)	이종욱	• 발해사는 우리가 지배하고 있는 영역 밖의 말갈의 역사로 한국사가 아니며, 중국이 발해를 동북 소수민족사로 보는 것은 당연(발해사 주장은 역사정복의 외침에 불과) → 영토가 역사귀속의 근거라는 주장은 설득력이 없음	

현상유지status quo를 거부할 경우 한반도 통일에 대한 중국의 명시적 혹은 묵시적 동의를 얻기 어렵다. 통일 자체가 큰 장벽에 부닥칠 개연성이 크다. 독일의 경우에서 보듯 통일과 국경 변경을 통한 영역의 확장이라는 두 개의 목표를 모두 충족한다는 것은 사실상 불가능에 가까운 것이다.[10] 우리의 경우도 국경의 안정이 전제되지 않는 상황에서 통일에 대한 중국의 지지와 조선족의 긍정적인 역할을 기대하기 어려운 것이 현실이다.

이런 점을 감안한다면 간도 '회복'과 통일이라는 양립하기 어려운 목표를 전향적으로 수정해야 한다는 주장에 눈을 돌릴 필요가 있다. 민족주의 입장에서 간도 수복을 주장하는 여론이 강하게 잔존하고 있지만, 사실을 확인하되 현실을 직시해야 한다.

간도가 우리 땅이라는 입장을 취하고 있는 노영돈 교수도 간도를 '되찾는 것'이 최선이라고 하면서도 차선으로 통일과정에서 이 문제를 중국과의 교섭카드로 열어둘 필요가 있다고 본다.[11] 황명준 박사는 간도수복론과 통일이 현실적으로 양자택일의 문제이며, 이런 상황에서 간도문제의 초점을 영유권 아닌 조선족 동포의 정체성 유지와 이를 위해 한국이 취할 수 있는 대책으로 옮겨야 한다고 지적하고, 남티롤South Tyrol의 경우를 원용해볼 만한 유력한 사례로 들고 있다.

한 민족의 역사적 영역에 대하여 영유권 문제가 발생하는 경우 인접한 외국이나 다른 민족과의 관계에서 타협은 어려우며, 영토 외적 사안에까지 갈등이 확대될 수도 있다. … 간도 문제에서도 국경의 현상現狀을 지지하는 현대 국제법의 실행은 간과되기 어려울 것이다. 다만, 국경의 영속성에만 구애되어 지역적 안정화를 도모하기 위한 후속 조치가 간과되어서도 안 된다. … 결국 갈등에 대처하는 리스크 관리가 필요하며, 영토 귀속의 이분법은 충분조건이 될 수 없다.[12]

남티롤은 오스트리아와 접경한 이탈리아 북부의 지역에 위치해 있다. 이탈리아는 제1차 대전 후 오스트리아령 남티롤을 점령하였고, 오스트리아는 1919년 연합국과 오스트리아 간의 생제르맹Saint Germain조약에 의하여 이곳을 이탈리아에 할양하였다 그러나 주민의 90%를 차지하는 오스트리아인에 대한 박해 때문에 이탈리아와 오스트리아 간의 긴장이 시작되었다.

제2차 세계대전 후 이탈리아는 오스트리아의 반대를 무시한 채 이 지역을 재점령하였고, 남티롤을 독일어를 공용어로 하는 자치령으로 삼았다. 이 지역 오스트리아인의 98%가 독일계이다. 하지만 오스트리아계 주민들에 대한 이탈리아의 경제적 압력 등이 계속되었기 때문에 두 나라의 관계가 악화되어 유혈사태가 일기도 하였다. 오스트리아는 이탈리아 영역에 사는 자국계 주민 보호와 자치권 확대를 위해 적극적인 노력을 경주하였다. 1970년대 이후 양측은 협상을 통해 오스트리아계 주민의 권리를 최대한 보장하기 위한 조치를 강구하였다. 이런 과정을 거쳐 양국은 1992년 협상

〈그림 10〉 남티롤의 위치

내용을 의회에서 승인받고 유엔 안보리에 분쟁의 해결을 통보하였다. 최근 오스트리아 극우세력에 의한 소요가 있기는 하지만 당사국이 영토와 주민의 관할권을 실용적 입장에서 해소한 사례가 되고 있다.

나. 초국경 공간 형성과 새로운 경계인

압록강 하류의 대표적인 국경도시 단동에는 한국어를 쓰는 네 종류의 사람들이 자기의 국적과 정체성을 드러내고, 감추고, 넘나들고, 확인하는 경계의 삶을 살고 있다.[13] 연변 풍경도 이와 크게 다르지 않다. 남북 관계와 한반도 정세 변화에 따라 양상과 정도를 약간 달리할 뿐이다. 북한의 경제사정이 위기로 치달을 때 국경 너머 중국 조선족 사회는 탈북자나 북한의 노동자들에게 새로운 삶의 은신처, 경유지로서 혹은 외화벌이의 중개지로서의 역할을 하기도 하였다. 앞으로 이 지역의 역동성이 증가할수록 인종·국적·이념을 달리하는 다양한 사람들이 이 기회의 공간을 찾게 될 것이고, 이는 연변 조선족 사회는 또 한 번의 변화를 몰고 올 공산이 크다. 조선족 공동체의 해체가 가속화될 수도 있지만 반대로 지역경제 성장이 조선족의 회귀나 결집력 제고의 계기가 될 수도 있다.[14]

젠킨스Keith Jenkins는 역사란 기본적으로 사람과 계급과 집단이 자신들을 위해 과거의 해석을 자서전적으로 구성해내는 전쟁터이며, 각각의 세대는 자신의 역사를 다시 쓰게 마련이라고 지적한다. 여기서 역사는 부분적으로 자신들의 정체성을 창조하는 방식이 된다. 그리고 역사에 관한 일시적인 합의라는 것은 지배적인 힘이 권력이나 은밀한 개입을 통해 다른 사람을 침묵시킬 수 있을 때만 달성된다. 그래서 그는 역사는 이론이고, 이론은 이데올로기적이며, 이데올로기는 물질적 이해일 뿐이라고 말한다.[15] 우리가 중국의 고대사 왜곡 비판에 정력을 집중하고 있는 지금도, 젠킨스의 표현대로 중국의 지배적인 힘이 이 과정에 '은밀히' 개입하고 있다.

연변과 두만강 지역에서의 경제 지형 변화가 새로운 경계인을 탄생시키고, 조선족 사회가 나름의 역사해석을 통해 자신들의 정체성을 찾아갈 것이라는 것은 새로운 도전이다.

연변과 두만강 하구뿐 아니라 신의주와 단동 등 북·중 변경에는 이미 거대한 초국경 공간들이 생성될 조건이 충분히 축적되어 있다. 북한의 개방이 본격화되면 이 공간에서의 협력이 활성화되겠지만, 반대로 중국과의 긴장이 높아질 개연성이 크다는 점에도 대비해나가야 한다. 공간 경쟁이 갖는 기회와 도전 요인이다.

현재 시점에서 연변과 두만강 하구의 미래상을 명쾌하게 그리기는 어렵다. 다만 변경의 진화와 더불어 이곳을 근거지로 삶을 꾸리는 조선족 사회가 쓰게 될 그들의 역사가 매우 중요하다는 사실을 기억해 둘 필요가 있다.[16] 앞에서 말한 북·중 변경에서의 역사·영토문제에 대한 우리 사회의 담론은 여기에 핏줄과 언어문화를 같이 하는 동포가 살고 있다는 데 심정적으로 의지하는 바 크다. 중국은 물질적·역사문화적 공세를 통해 이같은 한반도와 조선족 사회의 연대를 차단하려고 부심하고 있다.

이런 상황에서 동포사회의 정체성이 한반도와 유리된 방향으로 나아가거나 심지어 빈한 분위기로 흐르게 되면 우리는 지금보다 더욱 불리한 상황에서 중국과 역사전쟁을 치르게 될 것이다. 이것이 여기에 사는 사람들—동포사회—과 역사문화적 공감대를 확충하고[17] 이를 뒷받침할 물질적 토대를 구축해나가야 하는 이유이며, 남북 관계를 긴 안목에서 전향적으로 진전시켜 나가지 않으면 안 되는 근거이다. 훌륭한 역사가는 미래를 뼛속 깊이 느끼는 사람들이다. 역사가는 '왜'라고 묻는 동시에 '어디로'라고 묻는 법이다. 카E. H. Carr의 말이다. 이 지점에서 우리는 얼마만큼의 역사적 상상력과 미래전략을 가지고 이에 대비하고 있는 것일까.

미주

1. 길림성의 장길도개발계획은 요녕성의 연해경제벨트계획과 더불어 동북진흥계획의 골간을 이루고 있다. 장길도계획은 길림성의 거점도시인 장춘(長春)-길림(吉林) 두 도시를 일체화하여 산업클러스터를 만들고, 이를 성장배후지로 해서 연길(延吉)-용정(龍井)-도문(圖們)을 개발의 전진기지로 하고, 혼춘(琿春)과 북한의 나진을 연결하여 대외개방창구로 만든다는 구상이다. 이홍규(2015. 11), 「중국의 동북진흥과 연변굴기」, 중국학연구회 발표논문, 247-261쪽 참조.
2. 펜스(Mike Pence) 미국 부통령은 10월 4일 미국의 보수적인 싱크탱크인 허드슨연구소에서 중국을 도둑(theft)에 비유하며 중국이 미국의 기대와 이익을 저버리고 있다고 맹비난하였다. 딜런(Douglas Dillon) 하버드대학교 케네디스쿨 교수는 이 연설에 트럼프 행정부가 중국과의 '신냉전(a new cold war)'을 선언한 것이라는 의미를 부여하였다. 『연합뉴스』(2018. 10. 13).

3. "중, 일대일로 이어 북극항로 일도(一道) 구상 본격화", 『동아일보』(2017. 5. 24).
4. 2008년 국제 쌀값이 폭등하자 중국 정부는 인민해방군 제대군인 50만 명을 투입해 과거 장덕진 이사장이 설계한 계획서대로 송화강의 물을 끌어들여 밭작물을 재배하던 곳을 논으로 개조하여 북대창(北大倉), 즉 북쪽의 거대한 곡창을 일구었다. 이 사업을 총괄한 북대황(北大荒)그룹은 아시아 최대의 곡물회사로 성장하였다.
5. 김석철 교수와 이광재 객원 칼럼니스트의 대담, 「두만강 유역에 인구 300만 도시 건설 한반도 프로젝트에 남은 인생 바칠 것」, 『중앙선데이』 325(2013. 6. 2); 이와 관련된 그의 구상은 김석철(2012), 『한반도 그랜드 디자인』, 창비 참조.
6. 이 제안에 대해 북한도 긍정적 반응을 보인 바 있다. 리행호(2014), 「동북아시아 경제협력의 발전과 조선반도」, 『학보』, 북한사회과학원; "북 최고 싱크탱크도 두만강 지역 개발하자", 『조선일보』(2015. 1. 14)에서 재인용; 남북 관계가 개선되고 경제 건설에 비중을 두고 있는 김정은 정권이 전진적인 자세를 취한다면 관련 논의가 다시 시작될 수도 있을 것이다.
7. 안병직(2008. 3), 「동아시아 역사갈등과 한국사회의 집단기억」, 『역사학보』 197, 214-215쪽.
8. 송기호(2007), 『동아시아의 역사분쟁』, 솔, 287-307쪽에서의 논의 참조.
9. 이에 대한 비판으로는 젊은 역사학자 모임(2017), 『한국 고대사와 사이비 역사학』,

역사비평사; 젊은 역사학자 모임(2018), 『욕망 너머의 한국 고대사: 왜곡과 날조로 뒤엉킨 사이비 역사학의 욕망을 파헤치다』, 서해문집; 이문영(2018), 『유사역사학 비판』, 역사비평사 등이 있다.

10. 1962년 조·중 변계조약은 북한에 일방적으로 불리한 것이 아니고, 통일이 되더라도 국제법상 조약의 승계를 거부하기 어렵다는 것이 일반적 견해이다. 이종석(2014), 『북한-중국 국경 획정에 관한 연구』, 세종연구소 참조.

11. 노영돈, 「통일을 전후한 시기의 한국 영역 및 국경에 관한 연구」, 『1995 북한 및 통일 연구 논문집(V)』, 통일원, 1995, 62쪽.

12. 황명준(2018), 「영유권 문제의 종합적 해결 방안: South Tyrol 문제를 중심으로」, 『법학연구』 18(3), 한국법학회, 583-584쪽.

13. 강주원(2013. 5), 「한국어를 공유하는 네 집단의 국민·민족·정체성의 지형: 중조 국경도시 북한 사람, 북한화교, 조선족, 한국 사람」, 『통일문제연구』 제25권 1호, 397-443쪽 참조.

14. 김범송 , "장길도 개발, 조선족 큰 역할해야 할 때", 「연변통보」(2013. 2. 21); 관련 논의로 이바오중(2013), 「중국 두만강지역 협력개발 계획과 조선족의 역할」, 동북아역사재단 편, 『동아시아 평화와 초국성 협력: 남북한, 중·러 변경지역을 중심으로』, 동북아역사재단, 357-374쪽 참조.

15. 케이스 젠킨스 저, 최용찬 옮김(1999), 『누구를 위한 역사인가?』, 혜안, 72-74쪽 참조.

16. 중국이 조선족 사회에 '부여'하는 역사적 지위에 대한 연구는 상대적으로 소홀한 분야이다. 중국은 과거 조선족이 중국혁명과 조선혁명에 공헌한 '이중혁명론'을 표방했으나 최근에는 이를 부정하고 중국혁명에 이바지했다는 점을 부각시키고 있다.

17. 조선족은 한반도를 모국으로 하지만 중국을 조국으로 하는 이중의 정체성을 갖는다. 관련 논의로 강진웅(2012. 8), 「디아스포라와 연변조선족의 상상된 공동체: 동족의 사회적 구성과 재영토화」, 『한국사회학』 46(4), 96-136쪽; 이승주(2018. 8), 「경계에 선 조선족-북·중·한 경제 협력에서의 핵심 역할(Key Role)수행과 민족적 동질성 회복을 중심으로」, 『시간과 공간의 경계를 넘어서』 학술회의 발표논문, 한양대학교 비교역사문화연구소에서의 논의 참조.

태어나려고 하는 자는

하나의 세계를 파괴해야만 한다.

– 헤르만 헤세

제4장

갈라진 집은 서 있을 수 없다

남북전쟁(1861–1865) 전야의 미국은 노예문제를 둘러싸고 심각한 분열과 대립의 위기에 직면하고 있었다. 링컨Abraham Lincoln은 안타까운 현실을 목도하면서 1858년 일리노이주 상원의원 유세 연설에서 "스스로 분열되는 집은 무너진다"는 성경의 구절은 인용하면서, 하나의 미국을 만들기 위한 기치를 들었다. 링컨의 말처럼 국가, 사회의 붕괴는 내부에서 그 불씨를 만들게 되는 경우가 많다. 최근 한반도에서의 전쟁 위기는 한반도도 더 이상 갈라진 상태로 온전히 서 있을 수 없다는 것을 분명히 말해주고 있다.

전쟁의 참화는 모든 것을 앗아갈 것이다. 평화로 가는 길은 좁고 험하다. 그러나 봄바람의 힘이라도 빌려[1] 그 길을 가지 않으면 안되는 것이 우리의 숙명 아닐까? 한반도의 평화를 이룩하고 통일의 길로 나아가기 위해 재외동포, 특히 중국의 조선족 사회의 역할을 살펴보고자 하는 것은 그 유용성만이 아니라 이런 절박한 인식에서 출발하는 것이다.

중국과 이스라엘은 전 세계의 자국 동포들을 네트워크 공동체로 아우르며 국력의 자원으로 활용하고 있다. 이들의 사례는 우리가 재외동포를 어떻게 인식하고, 어떻게 그들과 미래를 같이할 것인가에 대한 귀중한 교훈을 준다.

1
한국인과 조선족, 그 굴절된 상호 인식

빈번해진 교류에도 불구하고 한국인과 중국 조선족 간의 상호 인식은 만족할 만한 수준에 다다르지 못하고 있다. 때로는 적대적인 의식이 표출되기도 한다. 최근 청와대 국민청원 게시판에는 조선족에 대한 부정적인 인식을 가진 사람들이 "조선족을 추방시켜 달라"는 청원글이 끊임없이 올라오고 있다고 한다. "조선족 때문에 국민들 일자리가 없어 국민들끼리 싸운다"고 하는가 하면 심지어 "조선족은 동포도 같은 민족도 아닌, 우리 국민 피 빨아먹는 기생충이다. 추방시켜야 한다"는 극렬한 주장이 있다고도 한다.[2]

더군다나 이런 인식이 언론이나 영화 등 대중매체를 통해 조장, 유포되고 있다는 점은 깊이 생각해볼 문제이다. 한 신문의 보도를 인용해보기로 한다.

한국영화 속 조선족은 거의 다 범죄자로 등장한다. 지난해 '장첸 열풍'을 일으킨 〈범죄도시〉를 비롯해 〈청년경찰〉, 〈신세계〉, 〈황해〉 등 조선족들이 범죄자로 나오는 영화의 흥행이 이어지고 있다.

영화 〈범죄도시〉에서 조선족들은 피도 눈물도 없는 조직폭력배였고, 〈청년경찰〉에서 그들은 난자 밀매 조직이었으며, 〈신세계〉와 〈황해〉에서 그들은 잔혹한 청부살인범으로 등장했다. 또 '조선족 타운'으로 알려진 가리봉동, 대림동에선 수시로 칼부림이 일어나고 살인, 장기매매 등을 업으로 삼는 조선족들의 범죄 조직이 판을 치는 곳으로 묘사된다. 그뿐만 아니라 영화에서 조선족들은 범죄자를 떠나 지저분한 옷차림으로 등장해 열악한 환경에서 불우하게 살아가는 모습으로 그려지는 경우가 많다. 영화 속 일관적인 조선족의 부정적인 이미지가 조선족은 위험하고 불우한 존재라는 편견을 심화했다는 평가다.[3]

이런 왜곡된 인식은 50여만 명에 달하는 국내 조선족들이 우리 사회의 다양한 분야에서 활약하고 있다는 긍정적 측면을 무시하고 그들의 잠재적 역량을 과소평가하는 것이다. 조선족 사회의 향배가 통일과정을 관리하는 데 매우 중요한 요소가 되고 있는 상황에서 이들을 심정적 · 잠재적으로 '적대화'하는 것은 매우 현명하지 못한 일이다.

언젠가 중국의 한 동포학자로부터 "한국인은 통일할 자격이 없다. 당신들이 탈북자를 끌어안아 봤느냐, 동남아에서 온 노동자들을 따뜻하게 대한 적이 있느냐, 아니면 조선족에게 따뜻한 손을 내민 적이 있느냐"는 격한 비판을 들은 적이 있다. 감정 섞인 말이라고 하겠지만 실제로 우리 사회 성원의 심리에 언제든 분출할 수 있는 이런 같잖은 우월감과 분노의 이분법이 도사리고 있는 것은 아닌지, 그렇다면 이를 어떻게 해소해나갈 것인지를 깊이 고민해 봐야 할 것이다. 조선족과 우리 사회 성원 간의 상호 인식을 개선하기 위한 세심한 정책적 배려가 없으면 조선족을 한반도, 동아시아 평화와 통일의 동력으로 이끌어내는 것은 애당초 불가능한 일이다. 평화와 통일을 위해 "봄바람의 힘이라도 빌려야" 할 우리가 스스로 소중한 자원을 포기하는 셈이다.

이 점에서 혈통주의가 종족적 소수자들에 대한 배타의 가능성을 내포하고 있다는 박노자 교수의 지적은 귀기울일 만하다. 그는 한국사회의 혈통적 '우리'에 대한 배타성을 경제적 차별, 정치적 배타와 두 요인의 혼합형으로 나누고, 혈통을 중시하는 한국사회에서 이념이나 생활방식이 다른 출신에 대한 차별은 권위주의적 정치문화와 경제적 성공주의 이데올로기의 유산에 기인하는 것이라고 지적하고 있다.[4] 이와 같은 주장은 조선족을 재미동포 등과 차별하여 이들을 이등의 재외동포로 보는 왜곡된 인식의 근원을 보여주고 있다. '선망'하는 존재와 견주어 자기보다 열등한 존재를 상정하고 이들을 표적으로 공격하는 이중적 심리를 정당화하고 강화하는 것이다. 창의적 사고, 정책공간을 찾기보다는 미국과 중국 중 하나를 택일하라는 식의 사회적 압력도 이 같은 사회심리의 연장선상에서 드러나는 문제이다. 비약하자면 이런 협애한 시각으로는 일본 극우주의자들의 허무맹랑한 한국인 혐오에 대해서 도덕적 우위를 주장하기 곤란할 수도 있지 않을까.[5]

결국 조선족과의 이런 감정의 골을 좁히지 않으면 연변과 조선족 사회를 통일과 평화의 자원으로 자리매김하고, 그런 전략적 견지에서 미래를 위한 협력을 추동해나가는 것은 불가능할 것이다. 빈약한 상상력과 관성화된 이분법적인 사고가 통일의 길에 큰 조력자를 만날 기회를 삼킨다면 이는 국가적인 차원에서 큰 손실이라고 아니할 수 없을 것이다.

2
네트워크가 힘이다: 화교와 유태인의 경우

재외동포를 모국과 긴밀히 연계하며 국력 성장을 뒷받침하고 있는 대표적인 국가는 중국과 이스라엘이다. 이들이 국가의 존립과 발전을 위해 전 세계에 퍼져 있는 '동포'를 이해하고 소통하는 사례를 통해 우리가 어떻게 재외동포들을 남북관계 개선과 통일자원으로 자리매김해나갈 것인지에 대한 시사점을 도출할 수 있다.

먼저 화교의 경우를 보자. 화교는 중국 내외에서 조성된 이민을 촉발하는 방출에너지와 중국 밖의 흡수에너지가 상호작용하면서 발생하였다. 16세기부터 시작된 중국인의 해외이주는 19세기 이후 전쟁과 폭동이 계속되면서 급속히 팽창하였다.[6] 최근 과학기술 분야를 비롯한 중국 지식인들이 미국 등지로 대거 진출하게 되면서 그 규모는 더욱 커지고 있다.

중국은 역사적으로 화교를 기민棄民으로 멸시하고 배척해왔다. 그러나 근대 중국의 건설과정에서 그 이용 가치에 주목하면서 이들에게 '화교華僑'라는 그럴듯한 이름을 부여하고 중화민족의 성원으로 포섭하였다. 화교에 대한 중국의 인식과 정책은 중국의 정치 상황에 따라 변화해왔다. 극단적인 사회주의혁명을 표방한 문화대혁명 시기에 화교는 공개적이고 극단적인 배척 대상이 되었지만, 개혁개방 이후 중국의 경제가 빠른 속도로 성장하면서 중국과 화교 관계는 밀착되어왔다.

덩샤오핑鄧小平은 화교를 "중국이 가지고 있는 기회"라고 하면서 삼포三胞(해외동포, 홍콩, 마카오의 화인)의 잠재력에 주목한 바 있다. 이후 중국의 역대 지도자들 또한 화교를 중화민족의 위대한 부흥에 없어서는 안 될 자산으로 치켜세우고 있다. '중국의 꿈中國夢'을 내세우며 중국 민족주의를 부추기고 있는 시진핑 역시 "중국몽은 국가몽, 민족몽이자 모든 중화 자녀의 몽夢"이며 "화교 동포는 애국심과 거대한 경제력, 풍부한 지적 자원, 넓은 비즈니스 네트워크를 보유하고 있다. 중국몽 실현의 중요한 역량이다"라고 말하고 있다.[7]

전 세계 화교는 4,000만 명 이상으로 추산되고 있는데, 인도네시아 · 태국 · 말레이시아 등 동남아시아 국가에 많이 거주하고 있다. 거주국에서 강력한 상업적 기반을 구축한 이들은 세계 경제환경의 변화에 대응하여 거주국을 넘어 국제자본과 활발한 협력하면서 세계경제에서 존재감을 과시하고 있다. 바닷물이 닿는 곳에 화교가 있다고 할 정도로 전 세계에 퍼져있는 이들은 끈끈한 네트워크를 통해 상호 이해를 돈독히하며 화인華人으로서의 정체성과 정보, 이익을 공유해나가고 있다.

2년마다 개최하고 있는 세계화상대회世界華商大會가 대표적이다. 1991년 싱가포르 이콴유李光耀 전 총리의 제안으로 시작된 이 대회는 전 세계의 화상들이 모여 신뢰를 다지고 화상네트워크의 발전을 도모하는 무대가 되고 있다. 2005년에는 서울에서 이 대회가 개최되었고, 2018년 10월에는 부산에서 세계화상회장단 포럼이 열리기도 하였다. 이 회의에는 한국의 기업인들도 참여하여 화교자본과 한국의 협력방안 등을 교환하였다. 화교는 그 밖에도 국제화교협회, 아시아화교네트워크 등 수많은 소통 구조를 가지고 있으며, 인터넷이 일상화되면서 연계는 더욱 활발해지고 있다.

이 같은 화교 사회의 발전과 확장과정에는 몇 가지 주목할 점이 있다. 우선은 이들이 거주국의 이질적인 문화에 적응하는 과정에서 국제적인 감각을 익히면서도 전통적인 가치와 공동체 일원으로서의 정체성을 보존, 유지해왔다는 점이다. 교육의 힘이다.

두 번째, 중국의 개혁개방정책과 이후의 경제발전이 화상 발전의 계기와 공간을 제공해왔다는 점이다. 화교는 중국의 개혁개방이라는 기회를 놓치지 않았고, 중국은 개방전략을 통해 화교 자본을 유치하고 화교경제권 형성을 견인해냈다. 서로의 이익을 증대시키는 승수乘數효과를 만들어낸 데에는 무엇보다 화상의 잠재력을 경제발전의 동력으로 활용한 중국 지도부의 정책이 주효한 결과이다. 이런 노력을 통해 중국은 개혁개방 당시 전체 외자의 70% 이상을 화교로부터 유치했고, 지금도 세계화상대회 등을 적극 지원하고 있다.

셋째, 화교가 동남아시아에서 '또 하나의 세계'라고 할 정도의 입지를 구축하자 중국과 타이완 사이에 '화교전쟁'이 벌어지게 되었다는 점이다. 이를테면 타이완이 헌법에 화교보호 조항을 두면 중국이 이에 대응한 조항을 신설하고, 타이완이 화교 담당 기구를 설치하면 중국이 화교사무위원회를 설치하여 대응하는 식이다. 중국이 화교를 중국의 '공민'이라고 선언하자, 타이완은 헌법으로 화교에게 참정권을 부여하는 등의 조치로 맞서기도 하였다.[8] 화교전쟁은 중국이 '하나의 중국' 원칙을 강력히 추진하고 국제사회에서 타이완을 축출하면서 대세가 결정되었다. 이런 맥락에서 놓치지 말아야 할 것은 중국의 화교정책과 통일정책과의 관계이다. 중국은 이른바 통일전선 차원에서 화교정책을 중국의 통일정책과 연계하였다는 것이다. 이 점은 뒤에서 살펴볼 북한의 재외동포정책을 검토하는 데 참고할 점이다.

넷째, 양안 간의 경쟁에도 불구하고 적어도 상업적인 관계에서 화교자본은 이런 정치적인 경계를 넘어 긴밀하게 상호 연동하고 있다는 점이다. 개방 초기 정치적 적대 논리와 중국의 투자환경에 대한 기피가 있기는 했지만, 화교자본은 이런 장애를 피하거나 우회하면서 세계의 화인을 하나의 경제네트워크로 엮어냈다. 자본의 탈정치화로, 적어도 경제적인 측면에서 화교자산은 국가를 떠난 전체 중국인들의 '공유자산'이 되었다고 할 수 있다.

중국의 개혁개방 초기 성패를 좌우하는 요소가 되었던 외자를 수혈한 것도 화교자본이고, 1989년 천안문사태로 위기를 맞은 중국에게 다시 고속성장의 날개를 달아준 것도 화교자본이었다.[9] 요컨대 중국은 화교의 힘을 빌면서 점→선→면의 공간 통합을 촉진하는 한편, 이들을 타이완과의 교류협력에 매우 유용한 자원으로 활용하고 있다는 것이다.

유태인은 재외동포와 모국의 연계를 통해 생존과 번영을 이룩한 또 하나의 유력한 예이다. 잘 알려진 바와 같이 이스라엘은 1948년 건국 이후 척박한 환경과 주변 국가의 위협을 극복하면서 '기적의 국가'를 일구어왔다. 2000여 년 동안 전 세계를 유랑하던 유태인들은 이스라엘을 세우기 전까지 낯선 땅에서 박해·추방·학살의 위협을 이겨내며 생존해온 사람들이다. 이들이 수천 년 동안 가혹한 편견과 핍박을 겪으면서도 공동체와 자신들의 정체성을 유지하고, 나아가 세계적으로 막강한 영향력을 구축해 온 것은 경이로운 일이거니와 이스라엘이 건국 후 보여주고 있는 생명력은 이런 역사의 고난 속에서 단련된 것이라고 할 수 있다. 절박함이 생존의지를 키워낸 깃이다

전 세계 유태인은 1,400만 명 정도로 80% 이상이 이스라엘과 미국에 살고 있고, 그 외 구소련 지역·캐나다·프랑스·영국 등지에 기반을 가지고 있다. 이스라엘 건국 후 유태인들은 전 세계에 걸친 네트워크를 중심으로 결속하여 이스라엘의 기적과 세계 유태인의 위력을 만들어 내고 있다. 특히, 미국의 유태인 사회는 학계·언론계·금융계 등에서 막강한 영향력을 행사하고 있을 뿐 아니라 전 세계 유태인 활동의 중심이 되고 있다. 이스라엘이 유태인의 전통을 보존한다면 미국 유태인들은 전 세계 유태인들을 지원하는 센

터 역할을 하고 있는 셈이다.[10]

유태인들의 눈부신 활약과 모국에 대한 애국심, 결속력은 정평이 나있다. 그렇지만 이들이 생물학적으로 다른 인종에 비해 우수하다는 객관적인 자료는 존재하지 않을 뿐더러 유태인들의 자기정체성이 저절로 배양돼 온 것도 아니다. 비밀은 유태인 특유의 교육과 사회화 과정, 그리고 이들을 연결하는 강력한 네트워크의 힘에서 찾을 수 있다.

유태인들의 교육과 양육 방식에 대해서는 기왕에 많이 소개가 된 터이지만, 핵심적으로 중요한 것은 탈무드Talmud의 가르침이 전승되고 있다는 점이다. '위대한 연구'라는 뜻을 가진 탈무드는 유태인들의 역사를 담은 역사서이며, 생존 지침을 담고 있는 '지혜의 서'라고 할 수 있다. 깊은 사유법과 현실에 대한 실용적 지혜를 가르치고 있는 경전이 유태인 사이에 공유되고 체화되면서 다른 인종과 차별화된 유태인이 만들어지고 있다. 이런 과정에서 보다 나은 세상을 만들어야 한다는 '티쿤 올람Tikkun Olam'의 소명의식이 심어지고, 권위에 얽매이지 않고 끊임없이 질문하고 도전하며 자신의 주장을 용기 있게 밝히는 '후츠파Chutzpah'라는 특유의 도전정신이 길러지게 된다. 토론과 비판, 창의력이 중시되는 교육이 이루어지는 것이다. 세계 인구의 0.2%에 불과한 유태인들이 저커버그Mark E. Zuckerberg 등 세계 굴지의 창업자들을 배출하고,[11] 노벨상 수상자의 20% 이상을 차지하게 된 것은 이런 사유방식과 도전정신을 격려하는 교육방식의 결과이다.

유태인들은 '생존'을 위해 누구도 인정할 수밖에 없는 지력과 경제력의 축적에 매진해왔다. 전자를 통해 정체성의 전승과 생존력을 전승했다면, 후자를 통해 살아남기 위한 생존의 수단을 확보해 왔던 것이다. 유태인들의 성년식은 이런 점에서 독특한 의미를 갖는다. 유태인 청소년들은 13세가 되면 결혼식에 버금가는 성년식을 성대하게 치르는데, 이때 부모 · 친척 · 친구들은 재산을 물려주거나 현금 부조를 한다. 부모는 이 돈을 예금하거나 투자했다가 당사자가 대학을 졸업하고 사회에 나갈 때 종자돈으로 쥐어준다고 한다. 이스라엘의 성년식은 통과의례로 여겨지는 우리의 '성년의 날'과는 전혀 다른 의미를 갖는다. 이렇게 성인이 되는 이스라엘 청년들은 대학 졸업 후에도 결혼과 집 장만 비용에 허덕이는 우리 젊은이들과는 다른 출발선에서 인생을 시작하게 된다.

유태인은 '숨겨진 국가'라는 별명을 얻을 정도로 전 세계의 지역과 국가에 신경망처럼 뻗어있는 네트워크를 가동하고 있다. 그리고 가정과 지역공동체, 네트워크를 활용한 사회화 과정을 통해 정체성을 다지고 있다. 개개의 인간이 아닌 공동체의 일원으로서의 '유태인'으로 성장하는 것이다.

여기에서 두 가지를 짚고 가기로 한다. 하나는 유태인 네트워크가 모국과 타지의 유태인을 돕기 위한 모금활동 등 상부상조하는 공동체정신을 철저하게 구현하고 있다는 점이다. 미국의 경우 'WE ARE DOING IT'의 구호 아래 모금활동을 하고 있는데, 여기서 모아진 돈의 80%가 모국에 보내지고 나머지는 다른 나라에 있는 유태인이나 소수민족을 지원한다고 한다. 다른 하나는 이들이 국가의 경계를 넘어 모든 유태인을 '동족'으로 인식한다는 점이다. 이런 사고방식을 통해 유태인들을 국적과 국경을 뛰어넘어 세계를 조망하는 시야를 갖게 되었다. "만약 북반부에 유태인이 이주하지 않았다면 근대자본주의는 발생하지 않았을 것이다"라고 설파한 경제학자 좀바르트Werner Sombart의 말을 과장된 것이라고 치부할 수만은 없는 이유이다.[12]

독일 등 거주국을 떠나 소수민족의 설움을 이겨내며 삶의 터전을 옮겨야 했던 유태인들은 자본주의 국가 미국에서 새로운 기회를 찾았다. 미국에 뿌리를 내리기까지 수많은 고난이 있기도 했지만, 유태인은 미국 사회에 적극 진출하여 각 분야에서 두각을 드러내며 주류사회에 진입하였다. 미국유태인협회 고위직을 지낸 번스타인David Bernstein은 유태인이 미국에서 성공한 비결을 다섯 가지로 압축하고 있다. ① 미국이 '기회의 땅'이라는 것을 잊지 않는다. ② 정치감각을 키운다. ③ 기부금을 의무화한다. ④ 교육을 통해 종교와 전통을 전수한다. ⑤ 유태인 사회를 정치세력화한다 등이 그것이다.[13]

3
남과 북: '분단형' 재외동포정책의 한계

화교와 유태인의 생존, 적응의 방식과 과정은 많은 것을 시사하고 있다. 이 점을 염두에 두고 남북의 재외동포정책을 보도록 하자. 한국은 한반도 전체 인구의 10% 수준에 달하는 큰 규모의 재외동포를 가지고 있지만, 세계로 뻗어있는 이들의 힘을 충분히 결집해내지 못하고 있다. 중국이나 이스라엘에 비해 정책적 관심도 환기되어 있지 않고, 화교나 유태인 수준의 강력한 네트워크 구축까지는 아직 갈 길이 멀다. 우리 사회에서도 재외동포를 네트워크하면서 힘을 모으기 위한 노력이 진행되고 있다. 그러나 남과 북의 재외동포네트워크가 분열하고 대립하는 상황에서 협력의 이익이 극대화되기는 어렵다. 분열된 집이 공동의 자산으로 그들을 안아들이고 협력의 공간을 마련해줄 수는 없는 것이다.

가. 재외동포에 대한 남북한의 인식과 정책

남과 북은 분단 이후 재외동포를 자기 편으로 끌어들이기 위해 갈등, 경쟁해왔다. 조국의 분단과 전쟁, 갈등의 여파가 재외동포사회에 미치면서 분열과 소모적 경쟁은 더욱 가중되었다. 가장 먼저 떠올릴 수 있는 것이 남과 북이 재일거류민단과 재일본조선인총연합회(조총련)를 앞세워 대립, 갈등한 일본의 경우이다. 남북의 갈등이 계속되는 한 이런 민족적 역량의 낭비는 피하기 어려울 것이고, 이는 그만큼 주변 열강에 개입의 명분과 틈새를 주기 마련이다. 연변은 이런 잠재적 모순과 위험성이 응축된 공간이다.

재일동포사회가 친한, 친북으로 갈려서 치른 고통을 생각하면 연변 조선족 사회는 이런 경험을 거울삼아 남북한과 재외동포가 현지국 정부와 협력하며 한반도과 동아시아 평화의 씨를 심을 수 있는 가능성의 공간이 되어야 한다. 이곳에서의 남북한 간 갈등은 자칫 위험한 충돌의 도화선이 될 수 있다. 남과 북의 재외동포에 대한 인식과 정책의 궤적을 보려는 것은 재외동포에 대한 인식과 정책이 어떤 상황에서 어떻게 변화해왔는지, 어떻게 갈등 아닌 협력의 길을 갈 수 있는지를 알아보기 위해서이다.

북한은 일찍부터 재외동포의 존재를 중시하고, 적극적이고 공세적인 재외동포정책을 추구하였다. 1959년부터 1984년까지 재일조선인의 1/6에 해당하는 9만 3,000명 이상의 재일동포가 '지상의 낙원' 북한으로 가는 '북송선'을 탄 것은 이런 집요한 노력의 결과였다. 북한의 적극적인 재외동포 포섭은 북한의 체제 선전에 유용한 수단이 되었을 뿐만 아니라 북한 경제의 재건에도 큰 도움이 되었다.

북한의 재외동포정책 기조는 1963년 국적법, 1972년 헌법 등에 반영되었다. 이들 법령은 재외동포를 '북한 공민'으로 규정하고 있다. 이 조치는 재외동포를 적극적으로 끌어안고 정치경제적 · 이데올로기적 유대 관계를 맺음으로써 남한과의 체제 경쟁에서 우위를 점하기 위한 것이었다.[14] 북한은 이런 연장에서 재외동포 초청 및 방문사업, 재일조선인학교 지원, 민족문화보존사업 등을 적극적으로 전개하였다. 그러나 이는 국제혁명 역량을 강화하여 조국통일과 민족해방을 성취한다는 그들의 정치투쟁 방편으로 이루어진 것일 뿐 북한이 실제로 재외동포의 권리를 얼마나 적극적으로 옹호하고 법적 보호의 책임을 다했는지는 별개의 문제이다.

북한은 냉전 기간 중 남한을 배제한 채 중국 조선족 사회와 특수한 유대관계를 유지하였다. 앞에서 본 바와 같이 두 사회의 끈끈한 연대는 조선족이 중국 공산주의혁명과 국공내전에서 함께 싸웠던 역사의 연장선상에서 이해할 수도 있지만, 연변 조선족 사회에 대한 북한의 적극적인 인식과 정책이 크게 작용한 것이기도 하다.

소련과 사회주의권 붕괴 이후 북한이 심각한 체제 위기에 봉착하고, 한국이 북방외교를 통해 재중 · 재러 동포사회와 교류를 트면서 북한의 재외동포정책도 변곡점을 맞이하게 된다. 그럼에도 불구하고 북한이 중국 동북 지역에 대한 관심을 놓지 않고 있다는 사실에 유념할 필요가 있다. 2010년 김정일 위원장이 장길도의 핵심지역인 장춘과 길림을 순방한 것은 그 단적인 예이다. 그가 연변까지 들렀는지는 불확실하지만 당시 이 지역을 중심으로 중국과의 경제협력문제가 논의되었을 것이라는 추측을 낳았다. 북한의 전략적 관심을 보여주는 대목이다.

반면 한국의 초기 재외동포정책은 북한에 비해 수세적이고 소극적인 것이었다. 1954년 남일선언(미주 14 참조) 이후 북한이 조총련을 집중 지원하고 북송사업을 전개하는 등의 공세적 조치를 취하자 우리 정부는 민단 지원을 강화하는 등의 대응을 하기도 했다. 그러나 기본적으로 우리 정부의 정책은 재외동포를 '다른 나라 사람'으로 보는 인식을 크게 벗어나지 못하였다.[15]

게다가 박정희 정부는 북한과의 경쟁과 정권의 유지를 위해 재외동포의 반정부 · 친북화를 막는 데 더 많은 관심과 역량을 쏟았다. 냉전의 장벽이 자유진영과 공산진영을 가로막고 있던 이 시기에 중국, 소련 등 사회주의권 동포에 대한 관심과 배려는 기대할 수도 없는 것이어서, 외교부의 재외동포 통계에서 제외될 정도였다. 남한과의 체제 경쟁이 가열되던 1960~1970년대에 북한이 한편으로 조총련을 강화하고 다른 한편으로 미주와 유럽 지역까지 재외동포 조직을 확대해나간 것과는 대조적이다.

한국의 재외동포에 대한 관심이 환기된 것은 역설적이지만, 전두환 정부 때이다. 전두환 정부는 1982년 1월 22일 '민족화합 민주통일방안'을 발표한 데 이어 2월 1일 남북한이 통일을 위해 당장 실천에 옮길 수 있는 '20개 시범실천사업'을 제안하였다. 그중 하나가 남과 북이 공동으로 재외동포의 모국 방문을 주관하자는 것이었다. 헌법에 재외국민 조항을 신설한 것도 전두환 정권 때이다.[16]

1988년 서울올림픽의 성공적 개최는 재외동포정책에 새로운

〈표 6〉 남북한의 재외동포에 대한 인식과 정책 비교

<table>
<tr><th colspan="2" rowspan="2">구분</th><th colspan="2">한국</th><th colspan="2">북한</th><th rowspan="2">남북화해기 지향</th></tr>
<tr><th>냉전기</th><th>탈냉전기</th><th>냉전기</th><th>탈냉전기</th></tr>
<tr><td colspan="2">기본 인식</td><td>안보적 관점 (친북, 반한화 저지)</td><td>유대 강화, 동포 권익 보호, 정체성 유지</td><td>'민족 해방' 세력 확장 (통합의 대상)</td><td>수세적 체제 유지로 후퇴</td><td>공존과 협력, 통일 자산</td></tr>
<tr><td rowspan="4">정책</td><td>법적 지위</td><td rowspan="4">수동적 소극적 방어적</td><td rowspan="4">적극적 개방적</td><td rowspan="4">능동적 적극적</td><td>현상 유지</td><td>적극 개선</td></tr>
<tr><td>유대 강화</td><td>적극적→ 소극적</td><td>재외동포와 3자 유대</td></tr>
<tr><td>민족 교육</td><td>소극적</td><td>공동 협조 모색</td></tr>
<tr><td>경제 교류</td><td>적극적→ 소극적</td><td>협력, 공동 이익 추구</td></tr>
<tr><td colspan="2">연변의 경우</td><td>단절</td><td>교류 활성화</td><td>독점적 교류</td><td>한국과 경합(상대적 후퇴)</td><td>공존 실험 국제 협력</td></tr>
</table>

전기를 마련해주었다. 노태우 정부는 1988년 7·7선언(민족자존과 통일번영을 위한 대통령 특별선언)을 발표하였다. 이 선언은 우리 정부가 "남북 동포 간 상호 교류 및 해외 동포의 자유로운 왕래를 위한 문호 개방"을 천명하면서 북한을 경쟁과 적대 아닌 신뢰와 협력을 바탕으로 공동 번영을 추구해나가는 존재로 수용하였다는 점에 의의가 있다.[17]

주변국과의 관계 개선이 이루어지고 북한과 재외동포에 대한 인식이 변화하면서 재외동포의 모국 방문 등이 추진되고, 체계적인 재외동포정책과 추진체계가 필요하다는 논의도 이루어지게 되었다. 이런 산고 끝에 1997년 재외동포재단이 출범하였고, 관련법도 제정 논의에 탄력이 붙기 시작하였다.[18] 이재정은 재외동포정책을 법적 지위, 유대 강화, 민족교육, 경제교류 등의 네 영역으로 구분하여 설명하고 있는데, 이를 참고로 남북한의 재외동포정책과 지향을 정리하면 125쪽 〈표 6〉과 같다.[19]

나. 재외한인네트워크의 발전과 연변

탈냉전 이후 남북의 국력 차가 분명해지고 세계 경제가 하나로 통합되어가면서 재외동포를 둘러싼 남북한 간의 정책과 지형이 크게 변화하게 되었다. 북한이 현상 유지 내지 소극적 입장으로 선회한 반면, 한국은 재외동포의 힘을 결속하기 위한 노력을 적극화·구체화하고 있다. 세계 각지의 기업인, 무역인들이 자리를 함께하여 글로벌 코리안네트워크를 만들어가고 있는 세계한상대회(2002년부터 시작)나 세계한인무역협회OKTA 등이 그 예이다.

이런 한민족네트워크 구축 노력이 확대되고 견실해지면 재외동포사회가 민족공동체나 세계시민사회공동체 구축이라는 역할도 감당해나갈 수 있을 것이다. 이를 위해서는 우선 남과 북 혹은 친남과 친북으로 분열된 민족네트워크를 통합해나감으로써 전체 재외동포사회가 남북 화해와 공동 번영, 통일의 성취에 기여할 수 있도록 해야 한다.

〈표 7〉 주요 한민족네트워크

주관 기관	네트워크 명칭	특징	비고
재외동포재단	세계한상대회	오프라인	
	코리안넷	온라인	
	한상넷	온 · 오프라인	
세계한인무역협회	세계해외한인무역인네트워크	오프라인	OKTA
	세계한민족경제공동체대회	오프라인	
	세계한민족경제공동체 대표자회의	오프라인	
세계한상총연합회	세계한상총연합	온 · 오프라인	
한국과학기술정보연구원	세계한민족과학기술자네트워크	온 · 오프라인	KOSEN
여성부	세계한민족여성네트워크	오프라인	

이와 관련하여 두 가지 점을 강조할 필요가 있다. 하나는, 기존 네트워크의 내실을 다지면서 이를 글로벌 코리안네트워크로 확장시켜 나간다는 전략적 방향성을 확보하는 것이다. 그동안 남북한의 재외동포정책만큼이나 남과 북의 재외동포네트워크도 협력의 접점을 찾지 못해왔다. 물론 권위주의적 폐쇄경제체제를 유지하고 있는 북한이 우리처럼 풍부한 재외동포네트워크를 가동하고 있지는 못하다.[20] 글로벌 기업도 없을 뿐만 아니라 자본주의적 시각에서 정상적인 기업과 기업인의 활동이 보장될 수 있을 것인지도 아직은 불투명하다. 그럼에도 불구하고 우리가 주도적으로 전 세계의 동포를 하나로 결속하는 글로벌 코리안네트워크를 만들어간다는 문제의식이 좀 더 분명히 관철되어야 할 것이다. 분단의 균열선

이 재외동포사회에까지 이어지던 냉전의 유습은 청산되어야 하고 갈라진 집은 바로 세워져야 한다.

다른 하나는 이런 논의의 연장에서 한민족네트워크의 핵심고리로 연변이라는 거점을 활용할 수 있다는 점이다. 그동안 연변 조선족 사회는 남북한의 갈등과 대립으로 말미암아 지정학적 잠재력을 제대로 발현하지 못해왔다. 그러나 연변이 한반도와 동아시아 평화를 견인해가는 공간으로 거듭나면, 조선족 사회도 여기에 걸맞는 역할을 맡아가게 될 것이다. 이런 과정에서 조선족 인구의 유출 등의 문제들을 새로운 차원에서 해소해나갈 가능성도 찾아갈 수 있을 것이다. 연변의 지위와 역할 변화에 민감한 주의를 기울여야 그런 틈새와 영역을 찾아갈 수 있다.

자본은 국경을 넘고 부와 새로운 가치를 실어나르는 유력한 통로이다. 이런 점은 이미 유태인과 화교자본이 관련국 간의 정치적 갈등을 넘어 세계 경제의 한 축을 차지하고 있는 데에서도 실증되고 있다. 거주국에서 상당한 정도의 실력을 축적한 재외동포 기업가나 네트워크는 북한 지역을 하나의 경제 · 사회 · 문화공동체로 이끌어내는 자원이며 자산이다. 그중에서도 지역적으로 북한으로 들어가는 진입로에 자리잡고 있는 연변과 조선족 사회가 가지고 있는 잠재력은 독특한 지위를 갖는다. 준비하면 기회를 잡을 수 있지만, 그렇지 못하면 엄중한 도전에 맞닥뜨릴 수 있다. 어떻게 하면 이런 역사적 기회를 살려가면서 분단형 네트워크의 한계를 넘어 한민족 발전의 새로운 전기를 만들어나갈 수 있을까.

미주

1. 한말 의병장 유인석의 시 '우국(憂國)'에서 따온 말이다. 그는 "나라를 걱정하고 또 걱정하나(憂國復憂國), 세상 한 귀퉁이에서 흰머리 노인이 되었네(天涯老白頭), 봄바람의 힘이라도 빌릴 수만 있다면(春風借力), 산더미 같은 걱정을 날려 없애련만(吹散山憂)"이라고 하면서 풍찬노숙하던 망명지에서 나라를 찾지 못하고 늙어가는 격통을 달래고 있다. 조동일(1986), 『한국문학통사』4, 지식산업사, 176쪽 참조.
2. 『세계일보』(2018. 9.7); 이런 상황에서 조선족 동포의 한국에 대한 좌절과 분노도 커질 수밖에 없을 것이다. 이광진(2006. 3), 「한국이 슬픈 조선족 동포」, 『황해문화』 50, 132-142쪽 참조.
3. 위 『세계일보』 기사; 이정은은 한국이나 조선족 모두 민족 동질성을 강조하고 있지만 한국사회 내부에 '차이'와 '다름'을 인정하지 않는 강고한 문화가 내재해 있다고 지적한다. 이정은(2018. 6), 「재한 중국동포의 인정투쟁과 차별의 재생산」, 『디아스포라연구』 12(1), 전남대학교 세계한상문화연구단, 145-173쪽.
4. 박노자, "한국, 안과 밖, 타자로서의 '동포', 조선적 재일한국인", 『한겨레』(2016. 7. 13).
5. 일본의 혐한에 대해서는 히구치 나오토 지음, 김영숙 옮김(2016), 『재특회와 일본의 극우: 배외주의 운동의 원류를 찾아서』(서울대학교 일본연구소 총서 20), 제이앤씨, 참조. 이 책은 21세기 일본에서 외국인 배척이나 혐한 행위를 하는 것은 어떤 사람들이며, 왜 그런 행동을 하는지, 그 배경은 무엇인지를 추적하고 있다. 재특회뿐만 아니라 '일본회의', '새로운 역사교과서를 만드는 모임' 등 일본 '극우'의 연속된 흐름을 다루고 있다.
6. 주로 최승현(2008. 1), 「중국과 화교의 상호인식: 화교는 왜 중국에 참여하는가」, 전남대학교 세계한상문화연구단 국제학술회의 발표논문, 37-53쪽 참조.
7. 김동하, "해외로 튄 역적이 시진핑 전위대로…21세기 '화교'의 변신", 『중앙일보』(2018. 2. 6).
8. 박창규(2003. 4), 「새로운 국제환경과 한민족공동체: 화교와 유태인의 사례에서 본 재외한인 네트워크의 현황과 과제」, 『평화연구』 11(2), 고려대학교 평화연구소, 158-159쪽; 화교 전쟁에 대해서는 스털링 시그레이브 지음, 원경주 옮김(2002), 『중국 그리고 화교』, 프리미엄북스 참조.

9. 고려대학교 평화연구소 편집부(1998. 1), 『평화연구』 7, 고려대학교 평화연구소, 39쪽 논의 참조.

10. 정성호(1998), 「유태인 네트워크의 위력」, 『사회과학 연구』 제37집, 강원대학교 사회과학연구소, 217쪽.

11. 사토 다다유키 지음, 여용준 옮김(2002), 『미국 경제의 유태인 파워』, 가야넷 참조.

12. 정성호(1998), 앞의 글, 225쪽 참조.

13. 박창규(2003. 4), 앞의 글, 165쪽 설명 참조.

14. 1954년 북한 외무상 남일은 재일동포를 '공민'으로 보호하는 것이 북한의 정책임을 천명한 바 있다. 이후 1963년 '국적법'은 "조선민주주의인민공화국 공민은 그 거주지와 관계없이… 정치적, 법적 보호를 받는다"(제2조), "외국에 거주하는 공민은 조선민주주의 인민공화국 자유로이 내왕할 수 있다"(제3조)는 규정을 두었다. 1972년 사회주의 헌법도 해외동포의 합법적 권리 보장과 법적인 보호를 규정하고 있다(제5조, 제65조).

15. 1965년 한일협정을 주도한 김종필이 일본 『제군(諸君)』지와의 회견(1981년 4월)에서 "나는 그 사람들이 완벽한 일본인인 척하고 살아가고, 일본에서 태어난 아이들은 일본의 시민으로 키웠으면 한다"고 한 것은 한국의 이런 인식을 잘 보여준다. 재일동포는 이를 기민정책(棄民政策)이라고 비난하였다. 윤인진(2005), 「남북한 재외동포 정책의 비교」, 『한국사회』 제6집, 고려대학교 한국사회연구소, 50쪽에서 재인용.

16. 현행 헌법 제2조 1항은 "국가는 법률이 정하는 바에 의하여 재외국민을 보호할 의무를 진다"고 규정하고 있다. 그러나 재외국민에 재외동포가 포함되지 않는다는 것이 다수설이다.

17. 1990년 노태우 정부 시기인 1990년 제정된 남북교류협력에 관한 법률(제30조)은 "북의 노선에 따라 활동하는 국외 단체의 구성원은 이를 북한의 주민으로 본다"는 규정을 두어 조총련계 동포들을 북한 주민으로 간주하는 과도성을 보여주고 있다. 손기만(2001), 「북한의 해외동포 정책에 관한 연구」, 경남대학교 북한대학원 석사학위논문 참조.

18. 이병훈(2007. 4),「한국의 재외동포정책: 현상과 과제」,『고려법학』 48권, 고려대학교 법학연구원, 357-384쪽 논의 참조.

19. 이재정(2003),「남북한 재외동포 정책에 관한 비교연구: 탈냉전기 정책변화를 중심으로」, 고려대학교 석사학위논문, 163쪽 〈표 5-1〉; 윤인진(2005),「남북한 재외동포 정책의 비교」,『한국사회』 제6집, 고려대학교 한국사회연구소, 33-71쪽 등의 내용을 참조하여 재구성하였다.; 백승애는 한국 정부가 중국 정부와 같이 민족문제에 대한 하나의 원칙을 만들고, 그것에 기초하여 적극적인 외교력을 발휘할 것을 촉구하고 있다. 백승애(2007),「중국의 대조선족 정책」, 고려대학교 석사학위논문 참조.

20. 북한도 재외동포 기업과 자본을 유치하기 위한 활동을 전개하고 있다. "북한, 재외동포 투자 전담기구 신설…내년 1월 가동",『뉴시스』(2013. 12. 30); 특히 북한이 국가전략적 차원에서 재외동포를 관리해왔다는 점에 유념해야 할 것이다. 남북 관계 개선과 병행하여 남과 북의 재외동포네트워크 간 소모적 갈등과 충돌을 방지하고 경쟁적 협력을 이루어나가기 위해 북한의 재외동포정책에 대한 심화연구가 필요하다.

바람과 파도는 항상
가장 유능한 항해자의 편에 선다.

– 에드워드 기번

제5장

조선족 사회는 평화와 통일의 지렛대가 될 것인가

앞 장에서 북·중 변경에서 역사발전의 새로운 지평선을 열어가려면 예민한 후각을 가지고 이 지역에서의 변화에 관심을 기울여야 됨을 강조하였다. 변화 속에서 이익을 극대화하고 협력과 공존의 공간을 창출하는 노력이 중요하다는 것이다. 그러나 그에 못지않게 기왕에 묻혀 있던 쟁점들이 돌출할 가능성에도 유념할 필요가 있다. 남북한의 화해와 협력이 제도화되면, 재외동포를 둘러싸고 한·중 관계는 물론 남북한 간에도 갈등이 불거질 수 있다.

교통·통신의 발달로 물리적 거리가 소멸되면서 사이버 공간이 새로운 소통수단으로 각광받고 있다. 시공을 초월하여 지역과 지역, 세대와 세대, 전문가와 비전문가를 연결하면서 자국의 영향력을 확장할 수 있게 된 탓이다. 화교와 유태인은 이미 이런 변화에 발빠르게 대응하고 있다. 특히 화교이 활약은 주목할 만하다.[1]

진부하고 폐쇄적인 역사인식을 버리고 새로운 가치와 비전으로 조선족 등 재외동포를 품어야 한다. 분단을 파고드는 '외부의 논리'를 무력화할 수 있는 '우리의 논리'와 이를 세계에 알려나갈 네트워크 전략이 시급하다.

1
화교, 유태인의 성공 요인과 조선족 사회

다양한 계기와 조직 방식을 가지고 출범한 화교와 유태인 네트워크가 순풍에 돛단듯 지금에 이른 것은 아니다. 그들 나름의 역경과 내부문제가 없었다고 보기도 어렵다. 그럼에도 그들의 경험과 전략은 여전히 분단을 넘어서려는 우리에게 타산지석이 되고 있다. 화교와 유태인 네트워크가 오늘처럼 견고한 위상을 갖기까지 관철된 가장 기본적인 요인으로 다음 세 가지를 꼽을 수 있다.

첫째, 화교와 유태인 네드워크가 성공한 가장 중요한 기반은 그들이 해외동포를 혈통과 언어, 문화를 같이하는 '동포'로 인식해 왔다는 점이다. 국경과 국적은 크게 문제가 되지 않았다. 이런 동포로서의 유대감은 중층적 네트워크를 통해 확인되면서 강력한 신뢰자본의 밑천이 되었다.

후쿠야마Francis Y. Fukuyama는 사람들이 공통의 목표를 위해 함께 일할 수 있는 능력을 뜻하는 사회자본social capital이 경제발전에 중요한 기초라고 설명한다. 사회자본은 신뢰가 정착되었을 때 생기는 것으로, 신뢰가 구축되지 않으면 협력의 계기를 찾기 곤란하

고, 찾는다 해도 중장기적으로 지향점을 같이하기 어렵다.[2]

사회자본 개념을 국제적으로 확장하여 국제적 사회자본global social capital이라는 개념을 설정하면 재외동포네트워크의 핵심고리인 연변 조선족 사회의 위상과 역할을 좀 더 명확하게 이해할 수 있다. 이런 기초 위에 연변에 상존하고 있는 충돌 · 경쟁 · 갈등의 가능성을 발전 · 협력 · 공존 · 공생의 공간으로 전환시키는 방안을 모색해나갈 수 있다. 이는 봉쇄와 경계의 상징이었던 국경을 소통과 교류의 공간으로 진화시키는 것이며, 남북한과 중국, 러시아 등 관계국의 협력을 이끄는 개념이기도 하다.

그렇지만 우리 사회에는 조선족에 대한 근거 없는 편견이 뿌리 깊게 존재하고 있고, 그들이 우리와 혈통을 같이하는 '동포'이며, 미래를 함께할 동반자라는 인식도 부족하다. 화교나 유태인의 경우와는 매우 대조적이다. 이런 상황에서는 국제적 사회자본 축적을 주도할 발상을 기대하기도 힘들다.

한국 사회와 조선족 사회의 잦은 접촉, 그리고 시민사회의 노력으로 이해가 깊어지고 있다고는 하지만 이들을 한민족 발전의 동반자로 인식하고 적극적으로 수용하는 단계에까지 이르지는 못하고 있다. 정부의 인식, 정책도 크게 다르지 않다. 구소련 붕괴 시 이스라엘이 어려움에 처한 수십 만 명의 자국계 주민을 귀환[3]시킨 것과는 달리 한국은 이 지역의 동포들에게 거의 도움을 주지 못했다는 지적이 있어왔다. 재외동포에 대한 안이한 인식을 보여주는 극명한 사례이다. 이런 상황에서 이들의 '역사적 조국historical homeland'에 대한 충성심을 기대하는 것은 지나치게 일방적인 요구라고 할 것이다.

둘째, 화교와 유태인 사회가 전 세계에 퍼져 사는 동포들이 모두 역사와 문화를 공유하는 '같은 핏줄'이라는 의식과 유대감을 교육을 통해 확인, 전승하고 있다는 점이다. 동남아시아에 사는 화교들은 어려서부터 자국 문화의 전통과 자부심을 자연스럽게 익히고 있다. 유태인 네트워크도 후세의 교육에 적극적이다. 이들은 유태인이 밟아온 고난의 역사를 반복하여 가르치며, 생존의 방식과 유태인의 소명을 전수하고 있다. 모국어를 잊어가는 세대를 대상으로 일년 간 히브리어도 가르치는 프로그램도 운영하고 있다. 이런 과정을 통해 완벽한 히브리어를 구사하지는 못할지라도 필요할 때 모국어 능력을 복구할 수 있는 잠재 역량을 비축해두는 것이다. 높은 수준의 한국어 구사능력을 갖추지 못했던 조선족 동포들이 한국과의 교류가 활성화되면서 빠르게 모국어 실력을 '회복'한 경우가 많았다는 점도 참고할 부분이다.

최근 계속되는 인구 유출로 공동체 유지가 힘들다는 위기감이 커지면서 조선족의 민족교육이 위기를 맞고 있다는 우려가 커지고 있다. 부모들이 자녀들의 주류사회 적응도를 높이고 사회적 진출을 위해 한족학교에 보내고자 하는 선호도 늘어나고 있다. 이런 추세가 이어지면서 조선족 학교의 수가 계속해서 줄어들고 있다.[4]

이들이 배우는 역사 또한 문제이다. 중국 인민으로서 중국사를 기본적으로 학습할 수밖에 없는 데다가 최근 중국의 한국사 왜곡으로 한국사 학습의 내용과 분량이 매우 빈약해지고 있다. 조선족 사회에서도 문제의 심각성을 인지하고 개선 노력을 하고 있으나 상황은 나아지지 않고 있다. 남북한 간 역사인식과 서술내용이 통합되지 못하고 있는 것도 개선되어야 한다. 재외동포들이 하나의 '역사공동체'를 이루면서 통일 지향의 역사비전을 같이하기 위해서는 제대로 된 언어와 역사를 가르치는 것이 무엇보다 중요하다.

셋째, 화교와 유태인들이 현지국에서 안정적 지위를 획득하기 위해 경제력 축적에 주력하는 등 실용주의적 입장을 취했다는 것이다. 화교나 유태인 사회가 현재 거주국에서 누리고 있는 지위를 확보한 것은 현지국, 현지인과 갈등, 투쟁하는 가운데 자신의 정체성을 다지는 한편, 현지문화와 적응, 융화하는 유연성을 발휘했기 때문이다. 오늘날 미국사회에서 유태인들은 각계각층에서 확고한 입지를 가지고 있다. 그러나 미국 이민 초기부터 그랬던 것은 아니다. 화교도 초기에는 독특한 상업문화와 상술로 경제력의 축적에 역량을 집중하였다. 돈과 정체성을 잡은 것, 그것이 화교나 유태인의 방식이었다. 정치적 파워를 키우기 어려운 현실에서 경제적 힘을 비축하는 데 모든 힘을 쏟아야 한다는 한 조선족 기업가의 주장은 이런 점에서 이해할 수 있다.

다민족 국가인 중국에서 소수민족이 정치권력의 상층부에 진입하기는 쉽지 않다. 모국을 배후에 두고 있는 조선족의 경우는 더욱 그러하다. 조남기趙南起 장군 등이 대표적인 인물로 꼽히지만 정치적 위기 시 조선족을 비롯한 소수민족사회에서 벌어졌던 일들은

〈표 8〉 화교, 유태인의 경험에 비추어본 조선족 사회의 문제

구분	연변 조선족 사회의 문제	화교, 유태인의 경우
상호 인식	• 한국인과의 갈등적 인식 상존 • 분단으로 인한 모국의식, 역사관 등 분열	• 혈통과 역사, 언어와 문화를 공유하는 '동포'라는 유대감 공유
정체성 유지	• 공동체 해체, 민족교육 위기 등으로 정체성 약화 가속화	• 역사 · 문화 · 언어를 전승하는 '교육' 시스템 활성화
현지국 지위	• 소수민족 배제정책의 한계 – 경제 역량 신장, 네트워크 구성 단계	• 현지사회 적극 진출(주류사회 진입) – 중상적(重商的) 기풍으로 국제적 네트워크 구축

소수민족에 대한 포섭과 배제라는 중국의 이중성을 잘 보여주고 있다. 1957년 반우파투쟁과 1960년대 문화대혁명의 광풍 속에서 초대 연변자치주장 주덕해朱德海 등 조선족 사회 지도층에 대한 엄혹한 비판은 이런 사정을 단적으로 보여주고 있다.

연변에서 조선족 인구의 유출이 심화되면서 연변조선족자치주의 리더십을 어떻게 조선족 동포로 충원하느냐가 동포사회의 큰 관심사가 되고 있는 것은 이런 맥락에서 살펴볼 대목이다. 중국의 소수민족정책이나 과경민족으로서의 조선족의 특수성을 이해하지 않으면 연변이나 조선족 사회가 안고 있는 여러 문제에 대한 적실한 대책을 구하기 어렵다. 오히려 섣부른 민족주의적 감정으로 그들을 어려움에 몰아넣을 수도 있다는 점에 유의하지 않으면 안 된다. 이러한 논의를 〈표 8〉로 정리하고, 정책 방향에 대한 논의를 이어가기로 하겠다.

2
재외동포(조선족) 정책의 환경과 방향

〈표 8〉은 화교나 유태인과는 달리 연변 조선족 사회에 대한 한국의 정책 환경이 매우 복잡한 지형을 가지고 있음을 말해주고 있다. 한국 사회에서는 조선족들이 우리의 '동포'라는 인식이 충분하지 않고, 조선족 사회에서는 오랫동안 간직했던 '조선민족'으로서의 정체성이 점차 희석되고 있다. 게다가 소수민족의 권력 상층부 진입을 제한하고 있는 중국의 독특한 정치 관행은 이들의 주류사회 진입에 보이지 않는 장벽이 되고 있다.

이와 같은 어려움이 있지만 연변이라는 공간과 조선족 사회를 한반도경제공동체 확장의 교두보, 글로벌 코리안네트워크의 핵심 거점으로 만들 수 있느냐 아니냐는 우리에게 가히 사활적인 이익이 걸린 문제이다. 북방으로부터의 잠재적 위협을 완충하고 새로운 경제영토를 개척하지 않으면 안 된다는 의미에서이다. 여기서는 위에 설명한 동포의식, 정체성 유지 교육, 그리고 현지에서의 실용주의적 적응이라는 세 가지의 문제를 정책적인 측면에서 어떻게 풀어나갈 것인지를 살펴보고자 한다.

먼저 재외동포네트워크가 평화와 통일 그리고 국제사회에서의 활동영역 확장에 매우 유력한 자원이라는 사회적 인식을 공유하는 것이 중요하다는 점을 다시 한번 확인해두어야 할 것이다. 남과 북의 이분법적 대치에 익숙해진 우리 사회에서는 그동안 재외동포들이 남북의 화해나 통일을 촉진하는 역할을 할 수 있다는 인식이 진작되지 못하였다. 심지어 조선족 동포를 친남, 친북으로 갈라서 보고, 신뢰하기 어려운 사람들이라는 편견이 유포되기도 하였다. 정부의 통일 관련 정책에서 재외동포가 언급되기도 했지만 선언적 의미에 그쳤을 뿐 실효적인 정책으로 이어지지도 못했다. 이진영 교수는 박근혜 정부가 내세웠던 '신뢰 프로세스'가 가시고 있었던 명분과 실질의 괴리를 지적하면서, 코리안네트워크의 관점에서 대북정책이나 통일방안에서 재외동포 역할 등이 포함되어야 한다는 점을 강조하고 있다.[5]

조선족을 비롯한 한민족 디아스포라가 동아시아 평화 구축에 매우 유력한 자원이라는 지적이 한국 아닌 중국, 일본 등 외부에서 제기되어온 것은 더욱 역설적이다. 우리가 분단이라는 분인된 공간에 갇혀 통일문제를 좀 더 큰 공간적 판도에서 읽어내는 전략적 조감력을 잃고 있음을 보여주는 단면이기도 하고, 남과 북, 우友와 적敵의 이분법에 매몰되어 다문화 수용성을 배양할 겨를이 없었음을 보여주는 대목이기도 하다.

한반도가 평화로의 담대한 여정을 시작하고 있다. 이런 상황에서 통일문제를 남과 북, 한반도를 넘은 세계적인 시각에서 관찰하고, 이렇게 넓혀진 공간에서 평화의 역량을 확충해나가려는 노력이 더욱 중요하게 되었다. 재외동포는 우선적으로 고려할 수 있는 한반도 평화와 통일의 협력자원이다. 조선족을 비롯한 750만 명 재외동포를 진정한 '동포'로 포용하는 것이야말로 이런 협력자원을 인지하고 미래를 같이할 수 있는 기본 전제이다. 이런 인식의 토대 위에 그들의 의견을 효과적으로 수렴할 수 있는 제도와 절차를 마련해줄 필요가 있다.

예컨대, 국회 비례대표 의석의 일부를 배정하거나, 민화협 등에 재외동포 참여를 확대하는 방안을 고려해볼 만하다.[6] 학교와 사회교육을 통해 재외동포들이 외국에 거주하는 우리의 '동포'이며, 우리 국력을 확장하는 데 없어서는 안 될 '소중한' 존재라는 인식도 보급해나가야 할 것이다. 북한의 변화와 정부의 통일정책을 전달하는 데 주안을 두고 있는 단선적 통일교육도 재외동포를 어떻게 통일자원으로 이끌어갈 것인지에 대한 고민을 담아내는 데까지 문제의식의 범위를 확장해나가야 할 것이다.

중국이나 이스라엘은 일찍이 화교나 해외 유태인 사회를 지지하고 조직화하는 데 공을 들여왔다. 우리의 경우 재외동포재단이나 민주평통 등에서 관련 사업을 하고 있지만, 독립 행정부서로 교민청이나 재외동포청을 설치하자는 논의는 실현되지 못하고 있다. 장기적이고 전략적인 재외동포정책을 기대하기 어려운 구조이다. 통일정책 차원에서도 재외동포정책이 체계적으로 추진되지 못하고 있다. 통일부도 재외동포 전담부서가 없기는 마찬가지다. 연변과 조선족 사회에 대한 관심은 북한 관련 정보의 수집 차원에 그치고 있다. 통일문제를 전 세계 한민족의 잠재력을 동원하며 풀어간다는 절실함이 묻어나지 않는다. 통일문제에 대한 공간 인식이 여전히 한반도에 머물고 있다는 반증이 아닐까?

개혁개방 초기 중국이 화교자본 유치를 위해 동남아 화교자본을 중개할 수 있는 홍콩과 타이완 가까이에 경제특구를 설치하는 등의 조치를 적극화함으로써 투자의 물길을 텄다는 것은 잘 알려진 일이다. 이런 사례를 참고하면서 연변을 통해 북한의 경제특구와 연결하는 방안도 고려해볼 수 있다. 한국, 조선족, 한족 기업의 네트워크가 구축될 필요성을 강조하면서 한국에 조선족 기업전용공단을 설치하자는 안도 제기된 바 있는데[7] 북한의 개방이 가시화되면 북한 지역이 그 유력한 후보지가 될 수도 있을 것이다. 재외동포를 통일의 지렛대로 활용하기 위한 정부의 정책적 노력이 구체화될 수 있는 한 사례라 하겠다. 재외동포, 특히 조선족 사회에 대한 인식 개선에 노력하고, 경제 분야에서 한국+조선족, 한국+조선족+중국, 궁극적으로 남북한과 한족, 조선족 네트워크의 연결점을 확보해나갈 수도 있을 것이다. 민감한 정치적 쟁점을 뒤로 하고 '동포'라는 인식을 공유하고 서로의 경제적 이익을 추구하면서 신뢰를 축적해가는 것, 그것이 연변이라는 전략공간을 공존과 협력의 장으로 바꾸어 나갈 수 있는 길이다.

조선족 공동체의 해체가 가속화되면서 재중동포들의 지역공동체 기반이 흔들리고 있음은 살펴본 대로이다. 사회경제적 격변 속에 조선족 사회의 역사문화적 정체성이 약화되고 있다는 우려가 제기되고 있지만, 인터넷을 통한 네트워크망이 새로운 소통수단으로 주목받고 있다. 이미 조선족 동포와 한족, 한국을 비롯한 역외의 사람들이 소통할 수 있는 수많은 네트워크가 개설되어 필요한 정보를 일상적으로 교환하고 있다. 조선족의 내외부를 연결하는 네트워크의 거점망이 가동되고 있는 것이다. 향후 조선족 사회의 이동이 안정화 단계에 접어들고, 조선족들의 경제적인 역량이 증가하면 이와 같은 네트워크는 더욱 탄탄한 기반을 가질 수 있게 될 것이다. 정책적 의지만 있으면 얼마든지 전 세계 동포들을 모국과 연결하고, 그 역량을 모아갈 수 있는 인프라가 깔려있는 셈이다.

온 · 오프라인, 특히 인터넷을 통해 국내기업과 조선족 기업, 국내 연구기관 · 대학 간의 연계망을 확충하는 것도 한 방법이다. 〈표 7〉에서 예시한 세계한민족과학기술자네트워크 등은 이런 노력의 일환이다. 여기에 모국의 역사문화를 소개하는 교육과 홍보의 통로로 이들을 적절히 활용해나간다면 그 효과를 배가할 수 있을 것이다.

요컨대, 재외동포를 글로벌 코리안네트워크 구축의 정책 구도를 가지고 재외동포네트워크의 역량을 획기적으로 개선해나갈 필요가 있다는 것이다. 특히, 연변 조선족 '동포'를 평화와 통일의 동반자로 인식하고, 인터넷 네트워크 등을 통한 소통의 질을 높여간다면 이 지역에서 다양한 협력의 기회를 생성해나갈 수 있게 된다. 중국이 국가적 노력을 기울이고 있는 일대일로나 동북 지방에서의 다양한 상업적 기회에 참여함으로써 새로운 성장 동력을 창출해나

〈표 9〉 재외동포(조선족)정책의 환경과 방향

정책 환경	정책 방향
• 장기적, 국가전략 차원의 재외동포정책 부재 • 잠재적 갈등의 현재화 위험성 상존	• 영향력 외교의 자원으로서 자리매김 – 균형의 원칙: 현지화와 정체성 유지의 조화 – 동등화의 원칙: 국내 거주 외국인과의 차별 금지

추진 과제	
[국내] • 평화와 통일자원으로서의 가치 공유 → 통일공간의 확장과 한민족공동체 인식 제고 – 평화, 통일교육 범위의 확장 • 재외동포, 한국인과의 인식 개선(동포 인식) → 조선족 사회의 다중적 정체성 이해, 공감 – 시민사회의 동포 인식, 다문화 수용성 개선 • 분단형 네트워크의 한계 극복 → 재외동포사회 내부 분열 치유 및 남북 협력 – 분단으로 인한 민족역량 누수 방지	[국제] • 연변, 두만강 하구 지역에서의 개발 프로젝트 참여 → 한 · 중 간 잠재적 갈등요인 관리, 해소 • 조선족의 역할 공간 확보와 협력 → 유력한 지역 거점 및 국제형 네트워크 지원

갈 수도 있다.

문제는 이 지역과 조선족 사회가 가지고 있는 잠재력을 한반도와 동아시아 평화의 지렛대로 만들기 위해서는 기존 개념과 발상법을 넘는, 창의적이고 중장기적인 전략과 정책 수단이 필요하다는 것이다. 이런 철학과 의지가 없으면 연변의 탈경계화와 국제협력의 흐름을 우리의 국익으로 견인해 낼 수 없다. 오히려 이곳으로부터의 압력에 대처하기 바쁘게 될지도 모를 일이다. 제1장에서 통일의 시공 확장, 우리 역할에 대한 능동적 인식과 자신감 등을 각별히 강조한 배경이다. 연변과 조선족 사회가 한반도 평화와 통일의 역량이 될 것인지의 여부는 오롯이 우리의 선택에 달려 있다. 〈표 9〉에서 이러한 논의 내용을 정리하였다.

3
미래지향적·진취적 역사인식을 갖는다는 것

여기서 중요한 것은 '역사'라는 공통의 텍스트를 갖는 것임을 기억해두자. 유태인을 지탱한 것은 그들의 메시아적인 소명의식이었고, 화교 사회 결집력의 원천이 된 것은 중화민족의 일원이라는 자부심이었다. 동아시아의 지정학적 중심에 자리한 한국은 동아시아 국제정치의 향배를 결정하는 중요한 행위자였다. 국력이 쇠잔했을 때는 외부세력의 전쟁터가 되기도 했지만, 그것이 역사적으로 우리의 선택이 가능하고 중요했다는 사실을 부정하거나 가리는 것은 아니다. 절박한 위기 속에 빛을 발한 김춘추의 외교가 거둔 성과를 생각하면 쉽사리 이해할 수 있는 일이다.

이처럼 한국이 동아시아 평화의 발신자가 될 수 있고, 우리가 이런 역할을 자임할 때 비로소 지역의 안정될 수 있었다는 것은 일종의 역사적 경험칙이며 현실의 상황이기도 하다. 보잘것없는 산업기반 위에 아픈 역사를 딛고 한국은 세계 11위의 경제력, 세계 7위 수준의 군사력을 보유하게 되었다. 이제 평화와 통일의 시대를 열어갈 수 있는지는 우리가 어떤 역사에의 의지를 갖느냐, 사회 성원들이 공동의 목표를 성취하기 위한 소명감, 자신감을 어떻게 공유해나갈 것이냐에 달려 있다.

여기서 두 가지 점에 각별히 주의를 기울일 필요가 있다. 하나는 그동안 우리가 마치 '주어진 조건처럼' 생각해왔던 '강대국 결정론'이나 '지정학적 숙명론'과 결별하는 것이다. 외교는 역동적인 공간이고 어느 국가나 제한된 조건 속에서 자신의 진로를 모색하게 마련이다. 미 · 중 사이에서 벌어지고 있는 패권적 경쟁 과정에서 편승전략bandwagoning strategy이나 균형전략balancing strategy 중 하나를 선택할 수밖에 없다는 식의 경직된 사고는 이와 같은 국제정치의 역동성을 이해하지 못하고 우리 스스로를 피동적 존재로 격하시킬 위험이 있다. 국민들은 밀려오는 외부의 도전들을 '어쩔 수 없는' 것으로 체념하고 밖을 탓하는 잘못된 관성을 키우게 된다. 문제와 직면하는 대신 약소국에게는 외교가 없다는 식의 체념이나 구한말의 위기가 재현되고 있다는 넋두리로 자신을 합리화하는 퇴영적 인식 또한 같은 문법이다. 역사적 사실과 맥락을 제대로 인식하지 못하거나 사안을 과학적으로 사고하며 '가능성의 영역'을 찾으려는 의지의 박약함을 드러내는 것이다.

다른 하나는, 위 논의의 연장에서 연변 조선족 사회에 대한 정책 수립과 추진을 뒷받침할 역사이론과 정책이 개발되어야 한다는 점이다. 민족주의적 정서와 외침만으로 한 · 중 관계에서의 민감한 사안들을 지혜롭게 관리해나가기는 힘들다. 무엇보다 인화성이 높은 이 지역과 관련한 특수한 쟁점들에 대해 감정적 · 단선적 대응을 자제하고 긴 호흡을 가지고 우리의 목표를 관철해나가는 전략적 사고가 중요하다. “자신을 드러내지 마라. 너를 감지하지 못하도록 기묘하게 처신하라. 그러면 너는 적의 운명을 다스릴 수 있다”고 한 손자의 말이나, 36계 첫머리 만천과해瞞天過海의 계計는 모두 장원한 목표를 이루기 위해서는 사려 깊고 정교한 전략이 필요함을 가르치는 것이다.

분명한 것은 경박한 민족주의적 열정에의 매몰도 강대국 결정론으로의 도피도 아닌, 우리 입장에서 우리 문제를 사고하고 풀어가려는 진지함과 지구력이 필요하다는 점이다. 그러나 미래지향적·진취적 역사인식이 없으면 이와 같은 사고법과 지구력은 확보되기 어렵다. 역사인식의 전환을 거듭 강조하는 것은 이 때문이다. 우리 역사에 대한 확집確執이 없으면 주변국의 한반도에 대한 편견을 깰 수 없고, 통일시대에 대한 국민적 서사敍事, storyteling가 없으면 남북관계 개선의 지속적 동력을 확보하기 어렵다. 자기 역사에 대한 자부와 애정, 국경을 초월한 동포의식이야말로 화교와 유태인 네트워크가 일깨우는 핵심이다.

분단형 네트워크의 한계를 넘는 첫 걸음도 이런 인식의 전환에서 출발하는 것이다. 남북 관계가 개선되면 재일동포사회 등에도 화해와 협력의 분위기가 조성될 것으로 기대해볼 수 있고, 이는 적극 조장해나가야 할 일이기도 하다. 하지만 한국과 중국, 남북한과 러시아 등의 이익이 교차하는 연변에서는 상황이 그리 녹록치 않을 수도 있다. 중국과 타이완 간 ‘화교전쟁’이 있었던 것처럼 조선족 사회를 둘러싸고 남북이 갈등하는 경우도 충분히 상정할 수 있다. 이곳에서 제기될 수 있는 쟁점과 발생 가능한 사태에 대비하며, 이와 같은 난제를 헤쳐나갈 길고 깊은 역사적 호흡이 절실하다. 그래야 과경성, 다원적 정체성을 특징으로 하는 조선족 사회를 역사공동체로 안아들이면서 한반도를 넘는 새로운 통일공간을 구현해나갈 수 있다.

미주

1. Sheng Ding(2008), "Digital Diaspora and National Image Building: A New Perspective on Chinese Diaspora Study in the Age of China's Rise," *Pacific Affairs*, 80(4), 627-648쪽; 홍면기, "칼의 전쟁과 붓의 전쟁", 『내일신문』(2018. 12. 7) 참조.

2. 정치학자 퍼트넘(Robert D. Putnam)은 사회자본을 "상호이익을 위한 협력과 협동을 촉진시키는 연결망, 규범, 사회적 신뢰와 같은 사회조직의 특성"이라고 정의한다. 유석춘 외 편역(2003), 『사회자본: 이론과 쟁점』, 도서출판 그린, 21쪽; 프랜시스 후쿠야마 지음, 구승희 옮김(1997), 『트러스트: 사회도덕과 번영의 창조』, 한국경제신문사, 28, 50쪽 참조.

3. 이스라엘은 1989년부터 1995년에 이르는 7년 동안 약 71만 명의 해외 유태인을 받아들였다. 이 중 85% 이상이 구 소연방 출신이다. 정지영(1999), 「이스라엘의 민족흡수정책 연구-구 소연방 출신 유대인 흡수정책(1989-1996)을 중심으로」, 고려대학교 석사학위논문, 40-41쪽.

4. 중국 정부의 통계에 따르면 1990년부터 2005년까지 15년간 소학교 1학년 학생 수가 1만 3,756명에서 2,672명으로 80.57% 감소했고, 재학생 수는 8만 762명에서 2만 433명으로 74.7%의 곤두박질 쳤다고 한다. 『재외동포신문』(2013. 3. 16)에서 재인용.

5. 이진영(2014), 「통일과 글로벌 코리안 네트워크의 구축」, 『문화와 정치』 1(1), 한양대학교 평화연구소, 63-83쪽.

6. 민족화해협력범국민협의회(약칭 민화협)는 1998년 보수와 진보, 중도를 망라하여 민족화해와 통일준비를 위해 만들어진 정당·종교·시민사회단체의 협의체이다. 민화협의 출범은 그동안 통일문제에 대한 견해 차이로 함께하지 못했던 각계각층이 소통하고 협력하는 계기가 되었다. 그러나 민화협의 참여, 활동범위에 재외동포는 명시적으로 포함되어 있지 않다. 민화협 홈페이지(www.kcrc.or.kr) 2018. 9. 24 검색.

7. 이장섭(2008. 10), 「화상네트워크 벤치마킹을 통한 조선족 기업 네트워크 구축 방안: 화상네트워크와 조선족 기업 네트워크 비교사례연구」, 전남대학교 세계한상문화연구단 국제학술회의 발표논문집, 263쪽.

역사 속을 스쳐가는 신의 옷자락을

잡아채는 것이 정치가의 책무이다.

– 비스마르크

닫는 글

문제의 핵심은 다시 남북 관계이다

연변의 개방과 조선족 사회와의 교류 증가는 통일공간의 확장이라는 점에서 의미가 크다. 그러나 초기 대다수 한국인들은 연변 조선족 사회가 우리보다 후진적이라는 편견과 근거 없는 우월감을 드러내는 경우가 많았다. 심리적으로 수평적 관계가 형성되지 않은 곳에서 서로의 입장과 이익을 존중하는 분위기가 만들어질 수 없었고, 조선족이나 재외동포사회를 통일이나 민족네트워크 역량으로 활용해나간다는 생각도 공감대를 갖기 어려웠다. 북한과의 적대적 대치가 계속되고 조선족 사회의 형성과 발전, 과제에 대한 애정 어린 이해가 없는 상황에서 이런 장벽을 쉽게 넘을 수 없었음은 어쩌면 당연한 것이었다.

문재인 정부 들어 남북 관계가 크게 진전되면서 분야별 교류협력 논의가 활발하게 진행되고 있다. 한국의 대통령이 15만 명 북한 주민 앞에서 민족과 평화를 역설하는 상상하기 어려웠던 장면도 현실이 되었다. 우리 민족은 같이 살아야 한다. 그럼에도 불구하고 북한, 특히 연변 조선족 사회에 대한 편견과 질시는 아직도 우리의 정책적 상상력과 선택을 제한하고 있다.

미래에 대한 두려움을 이겨낸 진취적 역사관이 전제되지 않으면 미래지향적 · 공생적 전략 수립이 불가능하다. 이를 위해서는 '일부당경 족구천부一夫當逕 足懼千夫'[1]의 역사적 책임감을 가진 '고양高揚된 개인'이 양성돼야 한다. 감정적인 고토회복론이나 조선족에 대한 근거 없는 우월감이라는 자기 만족으로는 미래를 열어갈 수 없다.

연변이라는 전략 공간에 통일의 배후기지, 번영의 전진기지를 만들려면 경제주의적 논리로 환원할 수 없는 이 지역의 복잡미묘한 역사문화적 맥락을 이해해야 한다. 그럼에도 불구하고 역대 정부는 국가 정책의 기초 체력이 되는 역사인문학의 힘에 큰 관심을 기울이지 않았다. 이 공간에서의 역동적 변화가 조선족 사회에 어떤 영향을 미칠 것인지, 연변의 변화는 우리에게 어떤 의미를 갖는지에 대한 진지한 근본 고민이 부족했다는 것이다. 국가전략 차원에서 연변 조선족 사회를 비롯한 재외동포정책이 구체화되지 못하고 있는 것은 이런 현실을 말해준다. 현 정부 들어 재외동포에 대한 관심이 늘기는 했지만 미래 국가전략, 이를테면 한반도신경제론 등에서도 역사인문학적 문제의식은 잘 환기되고 있지 못하다.

이런 인식론적 제약은 통일에 대한 전향적이고 담대한 공간구상을 제한하고 있다. 이는 연변이나 두만강 지역에서의 국제협력을 경제적 시각으로만 보려고 있는 데서 잘 나타난다. 중국의 역사왜곡을 비판하면서도 공간 경쟁의 역사적 · 현실정치적 맥락에 유념하지 못하고, 간도를 '주장' 하면서도 조선족에 대한 편견을 깨지 못해왔던 것이다. 자기모순이고 이율배반이다. 연변 조선족 사회가 가지고 있는 전략적 가치를 소홀히 하면, 이 지역이 또다시 한반도의 미래를 압박, 위협하는 위험한 공간이 될 개연성을 배제하기 어려울 것이다. 중국의 동북 지방, 연변 지역이 중국의 한반도 진출 교두보가 된다면 위험한 역사가 반복되지 않을 것이라고 장담하기 어려울지도 모른다.

특별히 강조할 것은 모든 것이 '시간의 함수'라는 점이다. 조선족 사회의 분산과 현지화는 이제 거스를 수 없는 추세가 되어가고 있다. 연변 조선족 사회가 해체되고 동북 지방에서 근거를 잃게 된다면 우리의 역사주권을 주장할 수 있는 '현장'을 지키지 못할 수도 있다. 1870년 독일 통일의 주역인 비스마르크Otto Eduard Leopold von Bismark는 "바람 속을 스쳐가는 신의 옷자락을 잡아채는 것이 정치가의 책무이다"라고 말하였다. 다시 열린 기회의 창이 닫히기 전에 우리는 쏜살같이 스쳐갈지도 모를 신의 옷자락을 잡아채는 기민함과 용기를 가져야 할 것이다.

문제의 핵심은 역시 남북 관계이다. 남북 관계 개선을 통해 경제공동체를 이루어 나가는 한편 북을 통해 연변, 두만강 지역으로 나아가고, 여기서 생성되는 통일동력을 북한으로 다시 투사하는 복합적 사고와 전략이 필요하다. 남북한의 갈등과 경쟁 → 국제협력의 지연(주도적 참여 기회 상실) → 조선족 사회의 위기 심화 → 중국의 집요한 재영역화 공략 → 조선족 사회의 분열과 정체성 위기 가속화 → 통일역량의 소진 → 남북관계에 악영향으로 이어지는 악순환을 되풀이해서는 안될 것이다.

역사는 쓰여지지만 기억은 명령한다고 한다. 왜곡된 기억의 기배를 받지 않으려면, 잃어버렸던 역사의 지평선에 서서 미래의 통일공간을 구상하고, 이를 뒷받침할 역사인식을 세워야 한다. 과거의 신화가 우리의 정책 수립을 지배하는 것을 원치 않는다면, 과거에 만들어진 거짓을 폭로하고 현재와 미래를 위한 여지를 만드는, 즉 우리가 반드시 해야 하는 일을 위해 과거를 활용해야 한다는 것이다.[2] 역사적 · 문명적 전환기를 '완전히' 새로운 방식으로 이해하지 않으면 다가오는 미래의 도전을 이겨낼 수 없다. 갈라진 집이 온전히 서 있을 수 없다는 지극히 평범한 '상식'을 회복하지 않으면 새로운 역사는 기약하기 어렵다.

바다와 육지를 두루 살피며 개성 · 금강산 · 두만강 · 압록강에서 우리 역사를 억누르고 있는 분단을 들어낼 수 있는 지렛대를 확보해야 한다. 막이 오른 남북한 간의 '역사적 실험'은 분단의 의미에 대한, 우리가 밟아온 역사적 경험에 대한 '성찰적reflective' 인식을 요구하고 있다. 역사적 상상력의 결핍과 인문적 편벽함을 극복하는 것이 기회를 살리는, '돌아가는 지름길'이다.

미주

1. 이순신 장군이 백의종군 후 13척의 배로 울돌목에 있는 천험의 수로에 의지하여 적선 200여 척을 맞았던 상황을 읊은 시다. '한 병사가 길목을 지키면 족히 천 명의 적병이 두려워할 것이다'라는 의미이다.
2. 조 굴디 · 데이비드 아미티지지음, 안두환 옮김(2018), 『역사학 선언』, 한울, 78쪽.

참고한 책

고은 외 지음(2016), 『평화오디세이: 한국 대표지성 32인 압록에서 두만까지 북중 접경지대 1,400km를 가다』, 메디치미디어.

곽승지(2013), 『조선족, 그들은 누구인가』, 인간사랑.

그레이엄 앨리슨 지음, 정혜윤 옮김(2018), 『예정된 전쟁: 미국과 중국의 패권 경쟁, 그리고 한반도의 운명』, 세종서적.

길림신문사(2010), 『조선족 사회, 지금 시급한 문제는?』, 민족출판사.

김기봉(2006), 『역사를 통한 동아시아 공동체 만들기』, 푸른역사.

김기수(2015), 『시진핑 리더십과 차이나 골든타임』, 석탑출판.

김동길 · 강성학 외(2018), 『죽어도 사는 사람: 불멸의 링컨 유산』, 극동대학교출판센터.

김석철(2012), 『한반도 그랜드 디자인』, 창비.

낸시 스노우 외 엮음, 이병철 외 옮김(2013), 『21세기 공공외교 핸드북』, 인간사랑.

동북아역사재단 편(2013), 『동아시아 평화와 초국경 협력』, 동북아역사재단.

로렌 슬레이터 지음, 조중열 옮김(2005), 『스키너의 심리상자: 세상을 뒤바꾼 심리 실험 10장면』, 에코의서재.

미야자키 마사카쓰 지음, 오근영 옮김(2016), 『공간의 세계사: 5000년 인류사를 단숨에 파악하는 여섯 번의 공간혁명』, 다산초당.

박한식(2018), 『선을 넘어 생각하다』, 부키.

사토 다다유키 지음, 여용준 옮김(2002), 『미국 경제의 유태인 파워』, 가야넷.

서울대학교-연세대학교 통일대비국가전략연구팀 지음(2017), 『통일의 신지정학』, 박영사.

송기호(2007), 『동아시아의 역사분쟁』, 솔.

슐로모 산드 지음, 알이따르 옮김(2017), 『유대인, 불쾌한 진실』, 훗.

스털링 시그레이브 지음, 원경주 옮김(2002), 『중국 그리고 화교: 보이지 않는 제국, 화교네트워크의 역사』, 프리미엄북스.

염인호(2011), 『또 하나의 한국전쟁: 만주 조선인의 조국과 전쟁』, 역사비평사.

오마에 겐이치 지음, 안진환 옮김(2001),『보이지 않는 대륙』, 청림출판.
유석춘 외 편역(2003),『사회자본: 이론과 쟁점』, 도서출판 그린.
이문영(2108),『유사역사학비판』, 역사비평사.
이승률(2007),『동북아시대와 조선족』, 박영사.
이옥희(2011),『북 · 중 접경지역: 전환기 북 · 중 접경지역의 도시네트워크』, 푸른길.
이종석(2014),『북한-중국 국경 획정에 관한 연구』, 세종연구소.
젊은 역사학자 모임(2017),『한국 고대사와 사이비 역사학』, 역사비평사.
젊은 역사학자 모임(2018),『욕망 너머의 한국 고대사: 왜곡과 날조로 뒤엉킨 사이비 역사학의 욕망을 파헤치다』, 서해문집.

조 굴디 · 데이비드 아미티지 지음, 안두환 옮김(2018),『역사학 선언』, 한울.
조동일(1986),『한국문학통사』 4, 지식산업사.
주용승(2018),『조난자들: 남과 북, 어디에도 속하지 못한 이들에 관하여』, 생각의 힘.
칼 슈미트 지음, 김남시 옮김(2016),『땅과 바다: 칼 슈미트의 세계사적 고찰』, 꾸리에북스.
케이스 젠킨스 저, 최용찬 옮김(1999),『누구를 위한 역사인가?』, 혜안.
프랜시스 후쿠야마 지음, 구승희 옮김(1997),『트러스트: 사회도덕과 번영의 창조』, 한국경제신문사.
히구치 나오토 지음, 김영숙 옮김(2016),『재특회와 일본의 극우: 배외주의 운동의 원류를 찾아서』(서울대학교 일본연구소 총서 20), 제이앤씨.
하영선 · 김상배 지음(2006),『네트워크 지식국가: 21세기 세계정치의 변환』, 을유문화사.
한국안보문제연구소 옮김(2015),『북한의 붕괴와 우리의 대비』.
홍면기 외(2017),『중국 동북지방과 환동해 지역의 관계성』, 경희대학교 출판문화원.
홍면기(2006),『영토적 상상력과 통일의 지정학』, 삼성경제연구소.

찾아보기

ㄱ

ㄴ

ㄷ

ㄹ

ㅁ

ㅂ

ㅈ

ㅊ

홍면기(洪冕基)

분단의 최전선에서 군생활을 하는 동안 철책선을 잡았던 순간의 '전율'을 간직하며 북한 · 통일문제에 대한 관심을 키웠다. 한국외국어대학교에서 정치학을 전공한 후 통일부에 입사하여 17년 6개월 근무하였다. 고려대학교 대학원(정치외교학과)에서 공부했고, 중국 베이징대학 국제관계학원에서 박사학위를 받았다. 2007년 7월 동북아역사재단으로 자리를 옮겨 2018년 6월까지 연구위원으로 일하였다.

『영토적 상상력과 통일의 지정학』(삼성경제연구소, 2006)을 썼고, 『중국의 한국전쟁 참전기원』(논형, 2005)을 옮겼다. 공저로는 『통일의 신지정학』(박영사, 2017), 『중국 동북지역과 환동해지역의 관계성』(경희대출판문화원, 2017), 『동아시아 평화와 초국경 협력: 남북한 · 중 · 러 변경지역을 중심으로』(동북아역사재단, 2013), 『한반도 평화번영 거버넌스 실태조사』(상), (통일연구원, 2006) 등이 있다. 주요 논문, 기고로는 「페어뱅크 조공체제론의 비판적 검토: 중국중심주의라는 엇나간 시선의 문제」(『동북아연구』, 2018), 「재외한인 네트워크의 새로운 방향과 과제」(『재외한인연구』 2015. 2), 「통일은 오는 것이 아니라 만드는 것! 고려 통일의 역사를 복원하라」(『신동아』, 2014. 10) 등이 있다.

동북아역사재단 교양총서 4

연변 조선족 사회와 한반도 평화 통일

제1판 1쇄 발행일 2018년 12월 31일

지은이 홍면기

발행인 김도형

발행처 동북아역사재단

출판등록 제312-2004-050호(2004년 10월 18일)

주소 서울시 서대문구 통일로 81 NH농협생명빌딩

전화 02-2012-6065

팩스 02-2012-6189

홈페이지 www.nahf.or.kr

제작·인쇄 역사공간

디자인 파피루스

ISBN 978-89-6187-428-1 04910
978-89-6187-406-9 (세트)

* 이 도서의 국립중앙도서관 출판예정도서목록(CIP)은 서지정보유통지원시스템 홈페이지(http://seoji.nl.go.kr)와 국가자료종합목록시스템(http://www.nl.go.kr/kolisnet)에서 이용하실 수 있습니다. (CIP제어번호 : CIP2018042591)
* 책값은 뒤표지에 있습니다. 잘못된 책은 바꾸어 드립니다.